基礎から学ぶ浄土真宗　1

内藤知康 著

阿弥陀仏と浄土

親鸞が歩んだ道

法 藏 館

刊行にあたって

本書は、二〇一三（平成二十五）年度に、内藤知康先生が龍谷大学の文学部真宗学科で開講されている「真宗学概論」を担当された時の講義を文字に起こし整理したものです。

内藤先生が学生に向けて、広博な知識とシンプルな論理構造、そしてユニークな喩えや興味深い例話などを随所に用いて「真宗学」全般についてわかりやすく語られています。これから真宗学を学んでみようという方にとって、きっとすばらしい入門書となっていると思います。また内藤先生が、龍谷大学が築き上げてきた「真宗学」について語られている部分は、この講義ならではの内容で、同じく親鸞思想や「真宗学」の研究に携わる他大学の方、または他派の方にも興味深く読んでいただけるところではないかと思っております。また内藤先生は浄土真宗本願寺派の勧学（学階の最高位）でもありましたから、本願寺派の教学の考え方を知る上でも、重要な内容が多く含まれていることでしょう。

ところで、本書のもとになった「真宗学概論」という科目は、慣例として「真宗学会」の会長が担当することになっています。真宗学会とは、真宗学科の教員や在学生・卒業生によって「真宗学の研究・教育の発展および会員相互の親睦をはかる」ために組織された会であり、その長とは、原則として学科の最高齢の教授が務めます。つまり「真宗学概論」という講義は真宗学科の、文字通り「長老」が担当されるわけです。

真宗学科に属する研究者・教育者として長年生きてこられた各先生が、どのように「真宗学」というものに向き合い、どのようなことを考えてこられたのか。まさにその集大成がこの講義では毎年開陳されます。それはあたかも、その先生の教学に対する諸見解や専門分野での研究成果などがタテ糸となり、そこへ学生に伝わるように工夫されたわかりやすい言葉や論理、譬喩や例話がヨコ糸となって織り込まれ、鮮やかに仕上がっていく一枚の織物のようです。その織物こそ、その先生にしか成しえないものであり、研究者・教育者としての人生そのものであるといっても過言ではないでしょう。

内藤先生は定年退職前の最終年に「真宗学概論」を担当されることになりました。その時、学科内のある先生から「内藤先生の講義は理路整然としているし、そのまま本にしたら真宗学の入門書としてとても有益な本になるのではないか」とのご提案をいただきました。私も「なるほど」と思い、内藤先生にそのことをご相談してみると、「別にいいですよ、それは。ただそうなってくると、ちょっと緊張してくるなぁ」と少し照れたようなお顔でおっしゃっていました。

講義には毎週、東光直也と杉田了の二人が出向き、万全を期するためにボイスレコーダー二台で録音してくれました。そして音声データの文字起こしから刊行に至るまでの長い工程で、労を惜しまず作業に当たってくれたのは以下の内藤先生のゼミ出身者・関係者の面々（五十音順）です。

赤井哉子・伊藤雅玄・稲田英真・井上見淳・内田准心・恵美智生・加藤英象・門川崇志・加茂順成・釋氏真澄・栗原直子・西塔公崇・紫雲龍教・杉田了・武田一真・塚本一真・塚本祐紀・東光直也・長尾隆司・中平了悟・那須公昭・西村慶哉・西義人・弘中満雄・藤原ワンドラ睦・堀靖史・脇智子

こうして音声を文字に起こしたデータは比較的早い段階で集まったのですが、そこから書籍化する作業はなかなか進みませんでした。それは私が諸事に追われ、その段取りをつけることができなかったからです。そして仲間内で「先生の喜寿のお祝いの時には絶対に書籍にしよう」と話していた矢先の二〇二二（令和四）年二月二十八日、内藤知康先生は七十六歳で突如ご往生されました。痛恨事でした。

それは、私の抱える緩慢な「有後心《うごしん》」（まだ後があると思うゆっくりした心）に、内藤先生が最後に「生死《しょうじ》無《む》常《じょう》のことわり」を厳しく教えていかれたのかもしれません。内藤先生のご生前にこの講義録を上梓したかったという後悔の念は尽きません。

しかしながら、いまこうして多くの門下生が関わってできあがったこの本を開いてみれば、内藤先生の謦咳に接したことのある者にとっては、まるで内藤先生の声が再生されるように感じます。『歎異抄』の著者と目される唯円房は、その序文に、

まつたく自見《じけん》の覚語《かくご》をもつて、他力《たりき》の宗旨《しゅうし》を乱《みだ》ることなかれ。よつて、故親鸞聖人《こしんらんしょうにん》の御物語《おんものがたり》の趣《おもむき》、耳《みみ》の底《そこ》に留《とど》むるところ、いささかこれを注《しる》す。ひとへに同心行者《どうしんぎょうじゃ》の不審《ふしん》を散《さん》ぜんがためなりと

（『註釈版』八三一頁、『聖典』六二六頁）

と記しましたが、まさに内藤先生がいつも語っておられた、「もっとも大切にしなくてはならない、護っ

ていくべきものは浄土真宗というみ教えである。み教えを語る時は、かならず聖教《しょうぎょう》を根拠にしなくてはならない。論理的でなくてはならない」という「御物語の趣」が、今でも「耳の底に留」まる先生の声で聞こえてくるようです。その意味でも本書は貴重な本となりました。

以上述べてきましたが、本書はきっと多くの方の学びの助けとなり、刺激を与えてくれる内容になっていると思います。本書が、これから真宗学を学ぼうという方の「定番の一冊」となることを願ってやみません。

最後になりましたが、この講義録の書籍化にあたり、細やかにお気遣いくださり、ご苦労くださった法藏館の満田みすず様に衷心より感謝申し上げます。

二〇二三（令和五）年四月六日

内藤ゼミ二期生・龍谷大学准教授　井上見淳

阿弥陀仏と浄土——親鸞が歩んだ道——

＊

目次

第二章　親鸞の追求したもの

凡例

一、聖教の引用は、『浄土真宗聖典（註釈版）』（第二版）・『浄土真宗聖典・七祖篇（註釈版）』（ともに本願寺出版社）収録のものは、それぞれに依り、必要に応じて『浄土真宗聖典全書』（本願寺出版社）を用いた。ただし、読解の便を考慮して、漢字は常用漢字を含む現行の通行体を用い、必要に応じて漢文を読み下して引用した。

二、その他の経典類の引用は、『大正新脩大蔵経』に依った。ただし、読解の便を考慮して、漢字は常用漢字を含む現行の通行体を用い、必要に応じて漢文を読み下して引用した。

三、聖教の現代語訳は、おおむね『浄土真宗聖典（現代語版）』（本願寺出版社）に依った。

四、七祖聖教も『教行信証』に引用されているものは、それを引用した。

五、聖教引用の頁数は、『浄土真宗聖典（註釈版）』（第二版）・『浄土真宗聖典・七祖篇（註釈版）』とともに、『真宗聖典』（真宗大谷派宗務所出版部）・『浄土真宗聖典全書』を併記した。

六、本書のルビは、編者が読解の便を考慮して私に付したもので著者によるものではない。なお、引用文のルビについては引用元の典籍に付されたものに依った。

七、出典の略称は以下のように表記した。

『浄土真宗聖典（註釈版）』（第二版）……『註釈版』
『浄土真宗聖典・七祖篇（註釈版）』……『註釈版七祖篇』
『浄土真宗聖典全書』……………………『聖典全書』
『真宗聖典』………………………………『聖典』
『大正新脩大蔵経』………………………『大正蔵』

基礎から学ぶ浄土真宗1

阿弥陀仏と浄土

――親鸞が歩んだ道――

本書は、二〇一三年四月十日から二〇一四年一月十五日までの間に、龍谷大学で行われた講義「真宗学概論A」を書籍化したものです。

序章

浄土真宗を学ぶということ——真宗学とは何か——

一、真宗学とは何か

「真宗学概論」を講義するにあたり、「真宗学」とは一体何なのか、ということから話したいと思います。最初に断っておきますが、この講義では親鸞聖人《しんらんしょうにん》を「親鸞」と呼びます。学問の基本的な姿勢からいえば、歴史上の人物に敬称を付けないのは当然のことです。しかし「真宗学」という立場からすると、非常に悩ましいところがあります。私が学生の時、恩師の村上速水《むらかみそくすい》先生も悩まれていましたが、やはり「親鸞聖人」という言い方は避けておられました。理由は、聖人というと偏った考え方のように受け取られる恐れがあるからです。「大学の講義で聖人と呼ぶのは不適切だけれども、親鸞と呼び捨てにもしたくないので、私は宗祖《しゅうそ》といいます」と先生はいわれていました。私が学生だった時代には「宗祖」で通じましたが、みなさんの中には、宗祖と聞いて「誰のことだろう」と思われる方も多いかと思います。今の時代ですから、少し学問的な方に偏るかもしれませんが、親鸞聖人をここでは「親鸞」と呼びます。

さて、「真宗学」という言葉は、「真宗」と「学」という二つの言葉に分けることができます。まず「真宗」という言葉ですが、当然、親鸞を抜きにして浄土真宗を語ることはできません。これについて、親鸞は「選択本願《せんじゃくほんがん》は浄土《じょうど》真宗《しんしゅう》なり」（『註釈版』七三七頁、『聖典』六〇一頁）とお手紙の中で述べています。この「選択本願」には生きとし生けるものを救う阿弥陀仏《あみだぶつ》の救いが誓われています。つまり、阿弥陀仏の救いの構造とも考えられますが、それをここでは真宗と示しています。この真宗教義は親鸞教義ともいわれます。

　教義と教学、あるいは教理という言葉の三つの使い分けをどのように考えるのかという問題があります。教義と教学という言葉は一応使い分けがなされていて、龍谷大学の言葉づかいでは真宗教義学、真宗教学史という二つの表現があります。

　真宗教学史については、後で具体的に述べますが、この真宗教義学といった時には基本的には親鸞によって組織化、体系化された教義と考えます。阿弥陀仏の救いの構造が親鸞によって明確にされたということです。そして、その阿弥陀仏の救いは、基本的に親鸞の宗教体験を核にしています。それに基づいて阿弥陀仏の救いの構造が明らかにされています。ですから親鸞自身の宗教体験が論理化、体系化されたものが真宗教義なのです。しかし宗教体験の論理化、体系化をするにあたっては、当然仏教の論理、その中でも特に浄土教《じょうどきょう》の論理という枠組みがあります。親鸞はこの浄土教の論理を用いて、自らの宗教体験を体系化したと考えられます。

　そしてもう一つ、阿弥陀仏の救いとは、人間だけでなく、一切の生きとし生けるものを対象とします。人間の中でも、この人は救うけれど、この人は救わないということはありません。一切の生きとし生けるものを救う、これが阿弥陀仏の救いです。すべての人間を救うということは、言葉を換えていうと、私が救われるということです。私が救われなかったならば、すべての人間が救われるということにはなりません。もし私にできないような条件が出され、これを満たしたならば救ってやるといわれたら、私は初めから救われないでしょう。さらにいえば親鸞の体系化した教義では、信心《しんじん》こそが救われる因《たね》であると示されています。この信心が、私には到底もてないような信心だったら、すべての人間が救われるということにはなりませんし、私が救われることにもなりません。ですから、真宗教義を見ていく時には、「私が救われていく道」という視点が入ってきます。これが「真宗学」と考えることができます。

しかし、学問という点に関していうならば、必ずしもこの私が救われていく道というのが前面に出てくるわけではありません。それは基本的な構えとして自分が持っていくものです。学問の基本は客観性です。人間である以上、必ず何らかの主観は混じるものですが、できるだけ客観的でなくてはなりません。客観性をもつということは、普遍性をもつということです。たとえば、「親鸞の教えはこうである」ということを議論していく上で、根拠に基づき、普遍的な論理で述べられるならば、それは客観的なものといえます。そういう点からいえば、「私が救われていく道」ということを前面に出してしまうと、「それは個人的な考え方ではないか」といわれかねません。「私が救われていく道」という視点は、「真宗」を考える時には大事ですが、「学」の上では必ずしも前面に出てくるものではないともいえるでしょう。

「学」とは、わかりやすくいうと、私が「わかる」ということです。「わかる」というのは、他人に説明できるように「わかる」ということです。自分だけがわかるようなわかり方では「学」とはいえません。

少なくとも何人かは納得できるような説明ができる、これが「学」の基本です。つまり、私が救われていく道という主体性を基本に置いた上で、親鸞は一体何をいっているのかを、まず自分がわかり、他人にわからせるという営みが「真宗学」であるということができます。

二、真宗学の四つの分野

龍谷大学では「真宗学」を四つの分野に分けています。

まず一つ目は「真宗教義学」。対象とするものは、先ほどいいましたが親鸞教義です。真宗学とは、浄土真宗の教え、つまり親鸞によって論理化、体系化された教えを明らかにしていくものですから、その中心は真宗教義学であるといえます。したがって、真宗学の他の分野は、あくまでも真宗教義学と結び付くことによって、真宗学ということができるのです。

二つ目は「浄土教理史」。この教理史とは親鸞教義の背景と考えられますので、基本的には親鸞以前ということになります。親鸞教義は、浄土三部経《じょうどさんぶきょう》から始まり龍樹《りゅうじゅ》、天親《てんじん》、曇鸞《どんらん》、道綽《どうしゃく》、善導《ぜんどう》、源信《げんしん》、源空《げんくう》(法然《ほうねん》)の「七高僧《しちこうそう》」と呼ばれる方々の教えが背景となっていると考えられます。しかし、浄土三部経のことを考えていく場合には、その背景になる文献もいろいろと考えなくてはなりません。浄土三部経は他の経典とまったく無関係で成立したものではないからです。それは七高僧に関しても同様です。それぞれの背景についてはすべてを挙げることができないほどたくさんあります。その点、親鸞より以前に成立したインド・中国・日本の仏教文献はすべて親鸞教義の背景と考えることもできます。

その中で特に重要なのが、浄土三部経や七高僧の教えということです。親鸞の直接の師は法然ですから、その影響は非常に大きいといえるでしょう。その法然は、天台宗《てんだいしゅう》の中に位置付けられており、日本天台宗で法然の先輩として阿弥陀仏の本願を説いたのが源信です。また法然が「偏依善導一師《へんねぜんどういっし》」（『聖典全書』一・一三二四頁）といって、ひたすらこの人に依ると位置付けたのが善導です。また、善導の師匠が道綽であり、道綽は曇鸞から非常に大きな影響を受けている、と遡っていくと、この七人の高僧方が挙げられ、その背景にあるものが浄土三部経であると考えられるのです。広げていくと、実にさまざまな人々や文献が「浄土教理史」という学問の対象となります。現在、龍谷大学で行われている浄土教理史の考え方は、教義の背景として、親鸞がその人のことをどう理解したのかではなく、あくまでもその人、その文献を考えていく、という捉え方を基本にしています。しかし、親鸞はその文献から何を受け止めていったのかという視点も、教義の背景を考えるならば非常に重要です。龍谷大学ではこの視点を「浄土教理史」とは位置付けていませんが、学ぶ必要はあるでしょう。

三つ目は「真宗教学史」。これは親鸞教義が、親鸞以降にどのように受け止められ、伝えられてきたのかを考察していく分野です。親鸞を受けるものとして、たとえば覚如《かくにょ》、存覚《ぞんかく》、蓮如《れんにょ》、さらには江戸時代の先哲等が挙げられますが、この流れはあくまでも本願寺派《ほんがんじは》の視点に立ったものです。教学史の対象という点からすると、親鸞を受けるものは本願寺派だけではなく、現在では真宗十派《しんしゅうじっぱ》という形で成り立っています。高田派《たかだは》、佛光寺派《ぶっこうじは》、木辺派《きべは》、出雲路派《いずもじは》等、さまざまな派がありますが、それぞれの中でどう受け止められてきたのかということを検討することも真宗教学史という分野になるでしょう。本願寺派関係の史料は非常に多く残っていますが、最近では史料は少ないものの、他派においてもそれぞれの教学史を研究していく動きが見られます。龍谷大学は本願寺派によって成立した大学ですから、龍谷大学における真宗学というのは、やはり本願寺派の教学を中心にしています。したがって私たちは覚如、存覚、蓮如……という流れで教学史を見ていきます。

四つ目は「真宗伝道学」。親鸞の教義をどのように伝えていくのかを問題にし、考察していく分野です。

以上、四つの分野を説明しましたが、あくまでも中心は真宗教義学です。龍谷大学の真宗学の先生方には、それぞれ専門分野がありますが、真宗学全体をカバーされているはずです。つまり真宗学は、オールマイティな学問だといえます。その中で中心になるのが「教義学」ということです。

三、真宗を学ぶということ

知識としてわかる、経験としてわかる

先ほど「真宗学」について、特に「学」とは「わかる」ということだと説明しました。「わかる」といっても、実はわかり方に二通りあります。一つは知識としてわかる、もう一つは経験としてわかるということです。

知識としてわかるということは、たとえば、北半球の日本から南半球へまっすぐ掘り進めていくと、真

裏のブラジルあたりに出るということを、私たちは知識としては知っています。しかし、経験としては知りません。位置関係で日本からブラジルに行くには飛行機でおおよそ何時間ぐらいだと知識として知ることはできますが、どれほど遠いかは経験してみないとわかりません。これを真宗学にあてはめると基本的には宗教体験が核となりますので、何らかの宗教体験がなければわからないという側面が常に残ります。もちろん体験しないと何もいえないわけではありませんが、最終的に体験しないとわからない部分が残るのは事実です。真宗学を学ぶ場合に、知識としてわかる側面もありますし、「ああ、こういうことだったのか」と経験的にわかってくる側面もあるかと思います。

たとえば、親鸞は比叡山《ひえいざん》においてさまざまな修行をしましたが、私たちはその修行の追体験をすることはできません。親鸞は比叡山を下りて六角堂《ろっかくどう》に百日参籠《さんろう》したといわれていますが、これについては、実際に六角堂に籠ったのか、それとも比叡山から通《かよ》ったのかという両説があります。たとえば龍谷大学で天台学を専門とされる浅田《あさだ》正博《まさひろ》先生は、「通った」という説です。その理由として、当時の参籠というのは通い参籠が普通の形であったということと、また比叡山から通ったことを裏付けるような言い伝えが比叡山に残っており、それには何らかの根拠があるだろうということを踏まえて、比叡山から「通った」という説を出しておられます。みなが寝静まってから比叡山を下りて烏丸《からすま》六角堂へ向かい、そこに何時間か滞在し、みなが目を覚ます前に比叡山まで帰る、こういう毎日を繰り返していたのだろうということです。そうすると少なくとも親鸞が通われたであろう、「きらら坂」という道を歩いてみる、つまり体験することは可能です。「大変だったであろう」と知識として知っていたものが、実際に歩くという経験をしてみると、「すごいことだ」とわかったりもします。どういうわかり方をしていくのか、こうして教室で話を聞くのは基本的には知識としてわかるということでしかありませんが、それ以外のことで経験してわかるということが、みなさん方の真宗学というものを何らかの形で裏打ちし、あるいは深めていくことにもなります。

また「わかる」ということには、自分がわかるために何をすればいいのか、という問題も出てきます。たとえば親鸞教義をわかるためには、基本的に親鸞の著作を全部読むということが必要です。それだけでなく、周りの人が書き残した親鸞の言葉なども資料にして、親鸞が一体どういうことをしたのか、あるいは、いわれたのかを考察していきます。それらを全体的に整理していくことが、自分がわかるために必要なことになります。しかし、そういう形で親鸞教義を全部わかろうというのは大学の四年間では不可能です。修士課程の二年間、博士課程の三年間を加えても、それでも完璧にするのは不可能でしょう。今の私でも「完璧に」といわれると、どこか不十分な点が残っているはずです。反対に不十分な点が残っていなかったらおかしいのです。問題は親鸞の著作を読んで、一体私の理解のどこが不完全な部分なのかが私にもよくわかっていない、ということです。それがわかっていれば、そこを重点的にもう一度勉強し直せばいいのですが、はっきりとわかってはいません。ただ、不完全であるということだけはわかっています。

自分が「わかる」ためには何をすればよいのか、これははっきりいって勉強しかありません。そして、自分がわかるだけではなく、他人にわからせるためにはどうすればいいのか、それには他人に話をするのが一番です。人に話をすることによって自分の考え方が整理されていきます。そして人の話を聞くことによって自分の中で埋めておかなくてはならない点に気付くのです。ある意味、真宗学の完成というのはジグソーパズルを完成させるようなものです。さまざまな「断片的な知識」というピースを真宗学全体の中のどこにはめていくのかという作業です。全体図をわかりやすくするためにできるだけたくさん集めなければなりません。ただ、そのはめ方を間違えますと、別の意味のものができあがってしまうことにもなりかねませんので注意が必要です。

何をどう学ぶのか

◆真宗教義学——親鸞の著作——

真宗学の対象は、まず教義学においては親鸞の著作を対象とします。親鸞の著作は漢文で書かれたものと、和文で書かれたものとに大きく分類することができます。漢文で書かれたものを読むためには漢文の知識が必要ですし、和文で書かれたものを読むためには親鸞の時代の日本語の知識が必要になります。

ちなみに真宗学の諸分野には、それぞれ隣接する分野があります。そもそも仏教とはどういう考え方をするのかを学ぶ「仏教学」、また仏教はインド、中国、日本とどういう形で展開してきたのかを学ぶ「仏教史学」などです。そして親鸞の著作の内容を正しく理解していくためには、当時の日本語の状況を知る「国語学」も当然知らなくてはなりません。いわゆる日本語学というものが発達してきたのは明治以降ですから、江戸時代の先輩は今の私たちから見ると、あり得ないだろうというような言葉の解釈をされている場合もあるからです。つまり、それぞれに合わせた隣接分野の知識が必要になるということです。

◆浄土教理史――浄土三部経と七高僧の著作――

次に教理史の対象は、浄土三部経と、七高僧の著作です。それぞれの背景を考えると膨大なものになります。また背景だけでなく、思想を対比することによって、その考え方がより明らかになることもあります。

たとえば、親鸞教義でいうと、現在残されている法然門下の流れの中の一つが、親鸞の流れをくむ浄土真宗という形で現代に伝わっています。そして他に、現在浄土宗には「浄土宗鎮西派《ちんぜいは》」と「浄土宗西山派《せいざんは》」という流れがあります。それ以外にもありましたし、鎮西派にも西山派にもさらに細かくいろいろな派があります。同じ浄土宗といっても、鎮西派と西山派とでは大きく考え方が異なります。また真宗ともちろん異なります。ところが西山派は真宗とよく似ているところがあるんですね。よく似ているが故に間違えやすいということがいえるでしょう。浄土真宗の話をしているつもりでも、聞く人が聞くと、実は浄土宗西山派の教えの話をしていたということがあったりします。そうならないように、浄土宗西山派の教えもしっかりと学んで、浄土真宗とどこが違うのかを学ばなければなりません。

◆真宗教学史――親鸞以降の展開――

次に教学史の対象は、基本的には歴代宗主《しゅうしゅ》等の著作です。注意しなければならないのは、「教学史」という言葉が、「親鸞以降、教えがどのように受け継がれてきたのか」という現在用いられている用法になってきたのはそれほど古いことではないということです。

私の恩師、村上速水先生よりも少し上の年代の先生方が書かれたものを見ますと、「真宗教学史」といわれていても、中身は七高僧について論じられている、つまり今でいう「教理史」の書物であるということがあります。これは、たとえば「曇鸞教学」「善導教学」という言い方がありますが、その表現に基づいて七高僧から親鸞に至る流れを「教学史」という言い方で捉えているということです。龍谷大学の真宗学の伝統からいいますと、「教義」は「親鸞教義」、「教学」は、「曇鸞教学」、「善導教学」、「覚如教学」、「蓮如教学」と親鸞以外のすべてに用いていて、「教義」と「教学」の言葉づかいをきちっと分けてきた伝統があります。ただし伝統というものはだんだん崩れていくのが常ですから、今は必ずしもその限りではなく、七高僧について「教学史」ということはなくなっています。

さて「教学史」という学問分野において、覚如、存覚、蓮如という人々が、親鸞以降の教学の展開の中で重要と位置付けられます。「教学史」という点で特に忘れてはならないのが、「真宗教学」または「宗《しゅう》学《がく》」です。宗学の組織的な研鑽が行われ始めたのは、江戸時代に入ってからです。江戸時代にそのような教育、研鑽が行われる場所として本願寺派では「学寮《がくりょう》」が成立し、これが龍谷大学の元となりました。そしてその中で、さまざまな学僧が輩出されました。江戸時代の学僧たちで少なくとも名前の残っている方々は、当時の最高の頭脳集団の一人であったと考えることができるでしょう。今の有名大学どころではありません。そういう方々が教義の研鑽をしてきたわけですから、残された資料は非常に重要なものといえます。もちろん時代的な限界はあります。現代の私たちも親鸞自筆のものを実際に見ることは容易ではありません。しかし、複写したものなら簡単に閲覧することができます。現代はそういうことが可能ですが、江戸時代には不可能だったと考えられます。また、親鸞の主著『教行信証《きょうぎょうしんしょう》』（『顕浄土真実教行証《けんじょうどしんじつきょうぎょうしょう》文類《もんるい》』）は「坂東本《ばんどうぼん》」が現存する唯一の自筆本です。しかし、明治時代以降も坂東本以外が親鸞の自筆だとされていた時がありました。研究というものは進歩、進展していきます。当然その時代その時代の人は現代の私たちが持つ知識を持っておりません。そこで展開される真宗学に、それなりの限界があることは当然です。

◆真宗伝道学――現代人にどう伝えるのか――

伝道学とは親鸞教義の伝達方法です。そもそも伝道とは何かという理念が当然必要となります。しかし、これまでは理念ばかりいわれ、具体的にどういう方法がいいのかという検討はほとんどなされてきませんでした。そういう意味で伝道学は非常に未開拓な分野だということができます。

今からちょうど五年前、龍谷大学の大学院に実践真宗学研究科ができ、「真宗伝道学」を一つの大きな柱として、どのようにして伝達するのが効果的なのか、そのことが研究され教育され始めました。その教育の一環として、たとえば元アナウンサーの方を講師として、どのように話をすれば相手に明確に伝達できるのかなど、基本的なことを教えていただくといった講義もありました。人に話をする上での基礎的な知識や声の出し方などはきちっと学ばなければいけないのですが、その辺はおざなりになってしまいがちです。これまでは、どう話をするのかというよりも、何の話をするのかという方にずっと力点が置かれる傾向がありました。つまりわかりやすく話をする上で話題の方に力点が置かれているのです。しかしながらそこで、どのように話をすれば効果的かということも重要な点であり、これも伝道学の一分野といえます。

また、どのように話をすれば伝わるのかということを考えるためには、現代人は一体どういう受け止め方をするのか、ということを考察しなければなりません。親鸞の時代、江戸時代、現代人とそれぞれの時代の人々の物事の受け止め方は異なります。特に明治以降はその変化が非常に激しいように思います。おそらく、親鸞の時代の人々は「浄土はある」といわれると、「ああ、そうですか」とそれほど抵抗なく受け容れられたと思いますが、現代人は違うでしょう。浄土について、経典には「西方十万億仏土すぎたところに阿弥陀仏の浄土がある」と書かれていますが、「ずっと西へ行ってもそんなものはない」と現代人は捉えるのです。地球の周りを西へ行ってもぐるぐる回るだけで、地球儀のどこを探しても、世界地図のどこを探しても「浄土」などというところはない。また、西の空という点で考えるなら、地球は丸いですから、日本から見て西の空とブラジルから見て西の空はちょうど正反対になります。しかも今の日本から見て西の空というのは、地球は回っていますから十二時間経つと正反対の方向になります。つまり現代人は西に浄土があるということをそう簡単に「ああ、そうですか」と受け容れることはできない、それが現代人の受け止め方です。現代人に浄土をどのように説けばよいのか、現代思想に準じて考えていくことも必要です。それは同時に、浄土真宗の教えを伝えるためにはどのようにいえばいいのか、という問題も含まれてきます。現代人が何を考えているのか、現代人とはどういう人たちか、現代思想とはどんな思想なのか、ということも伝道学の対象であるということができるのです。

根拠としての親鸞の言葉

私が普段、講義で配付する資料には親鸞の著作の中からさまざまな文章を引用しております。これはどういうことかといいますと、真宗学というのは、「学」という以上それなりの客観性というものが担保されなくてはなりません。ではその客観性を担保するものは何かといいましたら、真宗という教えは、ある意味で親鸞によって組織化、体系化されたものです。そうであるならばその拠り所、つまりその根拠となるものは、基本的には親鸞の言葉にあるのだという意味で出してあるわけです。

実際にこの真宗学概論という講義でみなさんに一番受け止めていただきたいのは「流れ」であります。真宗の教義についてこれまでずっと話をしてきましたけれども、一番大事なのはその流れです。そういうことで根拠を配付資料に載せておりますが、これは、たとえばこれからみなさんが、大学院を受けるということになってきますと、やはり学問的にきちんとした性格というものを踏まえていく必要があります。アカデミックな部分が強くなってきますから何を根拠にしているのかをきちんと踏まえておかなくてはいけません。だから、大学院の入試を受ける時にはこれくらいのことは知っておかなくてはいけないという意味もあります。

一方で、学部で終わりだという方は必ずしもこういった文章の全部が必要なわけではありません。こういった文章は、『浄土真宗聖典（註釈版）』や『浄土真宗聖典全書』を見ればわかることですからね。別にこれを暗記していたから偉いわけでもなんでもありません。調べればわかることはそう大したことではなくて、結局、浄土真宗の教え、真宗の教義においては、親鸞は一体何をいっているのかということを理解するのが一番大事なわけであります。

もう一点いうならば、もしみなさんの中で、将来いわゆる布教使《ふきょうし》としてさまざまな現場に出ていこうと思っている方も、やはり根拠になる文章はきちんと押さえておく必要があります。そういう場面になった時、今すぐは必要でないとしても、こういう配付資料をきちんと保管しておくと、「あ、これはこういう文を根拠にしているんだな」ということがわかったりします。

真宗学の「学」という学問性を担保するために、根拠となる文章を全部出しておきますけれども、どういう文言が書いてあるかよりも、どういう意味のことが書いてあるのか、親鸞はどういう意味のことをいっているのかが大事だといっておきます。そうでないと、配付資料を見てこういった古文の文章、あまり聞いたことのない文章、単語もいっぱい出てきますからね。これを全部理解できないとダメなのだと思ってしまうと、真宗学を嫌いになります。「真宗学概論」という科目は、何かムチャクチャ難しい科目だと受け止めてしまうに違いない。そうではなくて、親鸞の教えがどういうものであるのかということをみなさんがみなさんなりに理解していくことが一番大事だということをこの機会にいっておきます。一つ一つの言葉をきちんと理解するのなら、それこそ辞書を引けばわかることです。わざわざ講義を聞かなくてもわかることを講義の中で一生懸命に聞く必要はないということをいっているのです。

第一章

親鸞の宗教体験
――親鸞の生涯――

真宗教義というのは、親鸞《しんらん》の宗教体験が論理化、体系化されたものだということができます。その宗教体験とはどのようなものであったのかを知るために、親鸞の生涯について話をしていきます。

この「真宗学概論」でなぜ親鸞の生涯を講義するのかというと、ただ単に親鸞の伝記を見るのではなくて、親鸞の宗教体験はどのようなものであったのかという視点で見ていくということです。同じものを見るにしても、どういう視点で見るかによって見え方が変わってきます。私たちはまったく同じものを見たとしても、どういう所に関心があるのかでその見方も変わってくるのです。そういう意味で、親鸞の宗教体験とはどのようなものであったのか、それを考えるための一つの材料として親鸞の生涯を見ていくということです。

一、誕　生——親鸞を知る手がかり——

親鸞の誕生は、承安《じょうあん》三（一一七三）年です。親鸞の時代、基本的に誰が何年に生まれたという記録は残っていません。親鸞は日野有範《ひのありのり》の長男として生まれたといわれます。しかし、日野有範にこの年に男児が誕生したことを伝える史料や記録は一切残っていません。ではなぜ親鸞がこの年に生まれたということがわかるのでしょうか。これは親鸞自筆の聖教《しょうぎょう》の奥書《おくがき》からわかるのです。聖教の最後に親鸞自身が、これを書いた、もしくは写したのは何年で、今私は何歳であると書かれています。何年に何歳かということがわかれば生まれた年がわかります。なぜかというと、この時代の人は年齢を数え年で計算していたからです。

私たちが今使っている年齢の数え方は満年齢です。この考え方の基本は、生まれてからどれほど経ったか、ということです。生まれた日から一年経ちますと一歳、そして一歳と半年経つと一歳六カ月となります。では、数え年とはどういう考え方かといいますと、基本は生まれてから何年目か、ということです。つまり、生まれた年は一歳、次の年は二歳ということになります。ですから、満年齢は誕生日がくると歳が一つ増えますが、数え年は正月（元日）がくると増えるということです。これが満年齢と数え年の大きな違いです。たとえば、私は昭和二十年に生まれましたが、満年齢ですと昭和二十年に生まれた人の中でも、誕生日がきている人は六十八歳です。私は誕生日がきていないので、まだ六十七歳ですが、数え年ですと六十九歳になります。数え年では、誕生日がきていようがきていまいが昭和二十年生まれの人は全員六十九歳、みな同じ歳です。

親鸞の実在と『恵信尼消息』

さて、このように親鸞自身が何年に何歳だと書き残しているから、承安三年に生まれたということが間違いのない事実であると断定できるわけです。実は、親鸞という人物については、ほとんど記録が残っていません。明治時代には「親鸞は架空の人物であり、実在しなかった」という説が提唱されたほどです。明治時代の初めに、浄土真宗教団が自分たちの教えの正当性を主張するために、浄土真宗を開いたのは法然《ほうねん》の弟子の親鸞という人であると言い出しただけで、親鸞は実在しなかったという主張がなされました。明治は、西洋の歴史学の方法論が日本に入ってきた時代です。西洋の歴史学は、史料中心主義であり、史料のないものは歴史的事実とは認められないのが基本的な姿勢です。その点からいえば、当時、親鸞の実在を証明する史料がなかったということになります。

親鸞という人物は、平安末期に生まれて、活躍したのは鎌倉時代の初めですが、基本的にこの時代の信用できる史料は、第一には公文書です。公文書にも二種類あって、一つは朝廷の公文書、もう一つは幕府の公文書です。こういう公文書に、親鸞という人物は一回も登場していないといわれます。そして第二の史料は公家、貴族の日記です。この時代の貴族たちが日記を付けて、その日起こったことを記録していますす。その中にも親鸞という人物は一回も登場していません。ですから、少なくとも明治時代の初めには親鸞が実在したという史料的根拠はなかったのです。

しかし、二つの史料が発見されたことにより、親鸞という人物が間違いなく実在したといえるようになりました。一つは、元久元《げんきゅう》（一二〇四）年の『七箇条制誡《しちかじょうせいかい》』が発見されています。当時、法然の専修念仏《せんじゅねんぶつ》教団に対して既成の仏教教団からさまざまなクレームが付けられました。それに対して著された文章がこの書です。その文章に続いて、最初に法然が、その後に大勢の弟子たちが署名をしています。その署名の中に、「僧綽空」（『聖典全書』六・二九頁）という署名があります。この「綽空《しゃくくう》」の署名は、親鸞の自筆として伝えられてきたさまざまな書物と筆跡が一致しているのです。それで、親鸞という人が間違いなく実在したということがいえるのです。もう一つは、大正時代に本願寺《ほんがんじ》の蔵から『恵信尼消息《えしんにしょうそく》』が発見されました。これは、親鸞の妻、恵信尼の手紙です。その手紙の内容をみると、親鸞のことを「善信《ぜんしん》」「善信御坊」と呼んでいます。大正時代になると紙の質や墨の質によって、その書物が大体いつ頃に成立したものかがわかるようになりました。その点から、この『恵信尼消息』は鎌倉時代のものだと判明したのです。その中に登場してくる「善信」と呼ばれていた人物は親鸞です。そうしますと、この手紙も親鸞が実在した証拠になります。これらの史料の発見によって、現在では親鸞が実在したことを疑う人はいません。ただ、親鸞に関する史料が少ないということです。

親鸞を讃える伝記――『御伝鈔』――

では、何に基づいて親鸞の生涯を見ていくのかが問題となります。先ほどいいましたが、いつ生まれたのかということは自筆本の奥書からわかります。ちなみに、親鸞が生まれた一一七三年、法然は四十一歳です。数え年ですから、法然と親鸞はちょうど四十歳違うことになります。法然と親鸞とは現代の我々からみますと、まさに同時代の人ですが、四十歳の違いというのは大きな違いです。親鸞が法然と出会ったのが二十九歳ですから、そのとき法然は六十九歳であったということになります。この時代の人からみますと、「法然聖人《しょうにん》は師と仰ぐべき素晴らしい方であり、親鸞はまだ若造だ」という見方になるのです。

次に親鸞は、平安時代中期頃から貴族社会の中心をしめた藤原氏の傍系の傍系にあたる日野氏という小さな貴族の出身であったといわれます。これは、さまざまな系図を見るとわかります。もう一つ、特に現代で重視されているのが『御伝鈔《ごでんしょう》』です。親鸞のひ孫、覚如《かくにょ》が著した親鸞の伝記です。これは初め、『親鸞聖人伝絵《でんね》』という絵巻物としてできあがったもので、現在では、絵の部分が独立したものを『御絵伝《ごえでん》』、文章の部分が独立したものを『御伝鈔』といっています。覚如という人は本願寺教団の実質的な創始者であるということができます。この覚如が「本願寺」という名前を最初に使い始めたのです。覚如は、本願寺とは初代が親鸞であり、二代目が親鸞の孫の如信《にょしん》であり、三代目を自分だと位置付けました。この時代はまだ、親鸞の弟子たちの間で本願寺はあまり認知されていませんでした。やはり、関東の教団の方が強い力を持っており、本願寺は弱く小さい教団だったのです。認知されないどころか、そもそも寺とは認めてもらえていません。本願寺のそもそものスタートは、親鸞の遺骨を埋めて、その上にお堂を建てて親鸞の木像を安置した廟堂《びょうどう》でした。一種の墓といえます。その後に、だんだんと建物を寺院形式にしていきます。当初は親鸞の木像だけでしたが、そのうちに阿弥陀《あみだぶつ》仏像を安置するようになりました。一つのお堂の中に、阿弥陀仏像と親鸞像とを安置していたのが、後に建物を別にするようになり、現在の本願寺のかたちになったといわれます。このように、覚如の時代から本願寺が始まります。言葉を換えると、本願寺教団が始まるといってもいいでしょう。

このような事情から、覚如の『御伝鈔』には、親鸞が非常に素晴らしい人だったということを語るために、さまざまなことが盛り込まれています。一つは親鸞こそ法然の教えを正しく受け継いでいると主張し、もう一つは本願寺こそが親鸞の正統なのだと主張しています。そういう点から、中には『御伝鈔』の内容の信憑性を疑う意見もあります。たとえば、日野家は室町時代に日野富子《ひのとみこ》という方が出てきて、非常に大きな権勢をもちました。その栄えている日野家の出身ということにして、親鸞を飾ったのではないかとするものです。しかし、覚如が『親鸞聖人伝絵』を書いた時には、まだ日野家はそのように盛んな貴族ではありませんので、日野家の出身だといっても飾ったことにはなりません。また、この『御伝鈔』の原型ができあがったのは親鸞の三十三回忌の翌年であります。何回忌というのも数え年でしょうから、親鸞が亡くなって三十三年経ったということです。三十三年前、そして、それ以前のことを知っている人は当然いますす。今年は、第二次世界大戦が終わってからほぼ七十年目ですね。戦争のことを記憶している人は、今でもまだおられます。覚如の時代にも、三十三、四年前のことを知っている人は相当数いたと推測できます。有名な人を挙げれば、高田派《たかだは》の第三代とされる顕智《けんち》を始めとして、実際に親鸞から直接教えを受けた人々がまだ関東で健在でありました。この『御伝鈔』の原型を書いた時、覚如はまだ若年でした。ですから、親鸞在世の頃を記憶している先輩方がいるのに、勝手に嘘ばかりを書き連ねるわけにはいかないだろうということで、この『御伝鈔』の史料価値は高く評価されるようになったのです。ちなみに、『御伝鈔』には「弼宰相有国卿《ひつのさいしょうありくにのきょう》五代《ごだい》の孫《まご》」（『註釈版』一〇四三頁、『聖典』七二四頁）と書いてありますが、系図を見ますと親鸞は六代目の孫になっています。これは、有範の一代前の「経尹《つねまさ》」という人が「放埒人《ほうらつにん》」、つまり貴族として非常に恥ずかしいことばかりしていて、系図から除かれてしまったからです。一人除かれたので、実際は六代が五代の孫ということになったのです。

二、出　家――明日ありと　思う心の　あだ桜――

さて、親鸞の父親の有範は、後に出家をして三室戸大進入道《みむろどだいしんにゅうどう》と呼ばれるようになります。その根拠は、本願寺に所蔵される存覚《ぞんかく》書写の『大経《だいきょう》』（『仏説無量寿経《ぶっせつむりょうじゅきょう》』）の識語《しきご》に「御室戸大進入道殿有範上人御親父」（『聖典全書』一・四二頁脚註）とあり、あるいは実悟《じつご》の系図に「皇太后宮権大進　正五位下　出家号三室戸大進入道」（『聖典全書』六・一三五二頁）とあります。母親は吉光女《きっこうにょ》といわれていますが、これは『親鸞聖人正統《しょうとう》伝《でん》』という書物に出る伝説であってあまり信用できません。これは江戸時代に成立したもので、後の時代にできあがったものには創作が入っている可能性もあるからです。親鸞には尋有《じんう》・兼有《けんう》・有意《うい》・行兼《ぎょうけん》という弟たちがいますが、系図では名前の下に「山」とか「寺」とあります。平安時代、「山」は比叡山《ひえいざん》、「寺」は三井寺《みいでら》（園城寺《おんじょうじ》）を意味します。どちらも天台宗《てんだいしゅう》です。「山」は比叡山で出家をした、「寺」は三井寺で出家をしたという意味です。みな出家をしているのです。

親鸞が出家したのは養和元《ようわ》（一一八一）年、九歳の春頃といわれています。数え年で九歳ですから、実際は八歳、現在ですと小学校二年生か三年生くらいの年齢です。出家の動機についてはさまざまな説がありますが、はっきりしたことはわかっていません。親鸞自身が「自分はこういう思いで出家をした」と書き残していれば、あるいは「親鸞がこういう思いで出家をしたといっておられました」という記録があれば間違いないのですが、そのような史料はどこにもありません。さまざまな学者がさまざまに論じていますが、結局は想像の産物です。しかし、その想像もさまざまな材料を使って述べられているわけです。例を一つ挙げましょう。

以仁王《もちひとおう》という人がいました。この時代に「王」といわれるのは天皇の子どもです。親鸞が生まれた頃は基本的に平家の全盛期です。ところが次第に陰りが出てきた。その最初の兆しが以仁王の乱という戦です。この以仁王は実際のところ、平家を打ち倒そうとした人々にただ担がれただけでした。実質的な主力であったのは、源《みなもとのよりまさ》頼政という人です。平家が全盛の時代に、この人が唯一京都に残っていた源氏でした。源頼政が兵を挙げて、その上に名目上の大将として以仁王がいたのです。

ところが、当時は平家全盛の時代ですから、京都における兵力は大違いです。平家の兵力の方がずっと多く、あっという間に鎮圧されてしまいます。しかしながら、以仁王が「平家を打倒せよ」と全国に伝えたことで、最終的には平家が滅びていくことになります。

この以仁王の家庭教師、学問の先生であったのが有範の兄の宗業《むねなり》という人でした。親鸞の伯父にあたります。この宗業は鎮圧された時に、以仁王の死体の確認をさせられています。皇族ですから、一般の人は王の顔を知りません。よく王の顔を知っているのは、いつもお会いしている日野宗業であったということです。これにより、平家全盛の時代に当時の日野家は、源氏と関係が深かったということがわかります。源氏と関係が深かったので、どのような仕打ちを受けるかわかりません。その難を逃れるためには出家がいいだろうということで、みな出家したのだという説があります。

また、親鸞が出家をした頃は有名な鴨長明《かものちょうめい》の『方丈記《ほうじょうき》』によりますと、京都で大飢饉があって、養和二（一一八二）年の四月、五月で四万二千三百人以上の人々が亡くなったそうです。このような時代の情勢も、出家の原因として考えられるのではないかという説もあります。さまざまな説が出されていますが、どの説をとるのか。それは好きな説をとればいいのです。どの説をとっても、それが絶対に間違っているということは証明できません。

親鸞の出家について、このような伝説が伝えられています。九歳の親鸞は伯父に連れられて、慈円《じえん》（慈鎮《じちん》）和尚《かしょう》のもとを訪ねて出家したいと願い出ました。しかしもう夜も遅かったので、慈円は「出家の儀式は明日にしましょう」といいました。すると、それに対してまだ幼い親鸞が「明日ありと　思う心の　あだ桜　夜半《よわ》に嵐の　吹かぬものかは」と歌を詠んだというのです。「桜の花が美しく咲いているけれども、この花が明日もあるとは限らない。夜中のうちに大嵐が吹くと、この桜の花は全部散ってしまう」つまり「明日にしましょうといわれても、私は夜中に死んでしまうかもしれない。今すぐ出家させてください」という意味があらわされています。それを聞いた慈円は「小さな子どもなのに仏教の根本の道理である諸行無常《しょぎょうむじょう》をよく知っている」と感心してすぐに得度《とくど》の式を行ったというのです。この話は伝説ではありますが、伝説というのは、何もないところから生まれてはきません。元になる何かがあって、それから生まれてきます。必ずしも「単なる言い伝えだから、無視してよい」ということにはなりません。この親鸞の出家の伝説にしても、まだ小さい子どもだったけれども、宗教的感性が素晴らしかったのだと考えることもできます。

三、比叡山での修行――堂僧としての日々――

堂僧として

そして、親鸞は比叡山に登ります。親鸞は比叡山で何をしていたのか、これも史料が残っていません。ただ『恵信尼消息』に「殿《との》の比叡《ひえい》の山《やま》に堂僧《どうそう》つとめておはしましけるが」（『註釈版』八一四頁、『聖典』六一八頁）という文章が出てきます。親鸞は比叡山で「堂僧」という立場にあったということです。

堂僧とは、龍谷大学におられた佐藤哲英《さとうてつえい》先生の研究により、常行三昧堂《じょうぎょうざんまいどう》につとめる不断念仏《ふだんねんぶつ》衆であったということがわかってきました。天台宗には常行三昧、常坐三昧《じょうざざんまい》、半行半坐三昧《はんぎょうはんざざんまい》、非行非坐三昧《ひぎょうひざざんまい》という四種三昧《ししゅざんまい》があります。これは確か天台大師《てんだいだいし》智顗《ちぎ》が定めたものだったと思います。伝教大師《でんぎょうだいし》最澄《さいちょう》は、比叡山に登った者はこの四つの行の中のどれかをしなければならない、と定めました。行や坐という言葉が出てきますが、坐は座る、行は歩くという意味です。つまり常行とは「いつも歩いている」ということです。常行三昧は、日数が九十日と決められています。九十日間、常行三昧堂の中心に安置されている阿弥陀仏座像の周りを「南無阿弥陀仏、南無阿弥陀仏」と称えながら歩くのです。このお堂の四隅には「南無阿弥陀仏」と書かれた紙が貼り付けられていて、右回りに歩きます。これはインドの、右が尊いという見方に由来します。右に回るということは、尊い阿弥陀仏をいつも右側に置くという回り方です。このような回り方を「右繞《うにょう》」といったりします。

当然、九十日間絶えず行うかというとそうではありません。一つは、九十日間何も食べないわけにはいかないので、食事の時は中断します。もう一つはトイレです。トイレは外にありますから、この時も中断します。中断が許されているのはこの二つの場合だけです。言い換えれば、睡眠のために中断することはできません。人間は極限状態になると歩きながらでも眠るのだそうです。歩きながら眠ると、当然壁に当たります。壁に当たって目が覚めるのだそうです。眠っていないと頭が朦朧《もうろう》としてきます。朦朧としてくると、今自分は一体何をしているのかわからなくなってきます。何をしているのかわからなくなってきた時に、必ず正面に「南無阿弥陀仏」と書かれた紙があるのです。それを見て「私は今、常行三昧という行をしているのだ」と思い起こさせるのです。横になって寝ることは許されませんが、どうしようもなくなった時は、人の脇ほどの高さに竹を結び付けたものがあって、それに寄りかかって休むそうです。歩きながら本当に眠ってしまうと膝を打ちます。膝の半月板を割る人がいて危ないので、このように休むという形になっているそうです。

親鸞は常行三昧堂にいたのですから、当然、この常行三昧はしたであろうといわれています。このあたりが、親鸞の宗教体験とはどういうものであったかということの一つのポイントになってきます。

千日回峰行

他にも親鸞はおそらく比叡山で、千日回峰行《せんにちかいほうぎょう》という行もしただろうと、淺田正博《あさだまさひろ》先生はおっしゃいます。親鸞の時代にまったく同じ行があったとは考えられませんが、よく似た行はあっただろうといわれています。千日回峰行とは、千日の間、行を修するのです。常行三昧は九十日ですが、今度は千日です。千日続けて行じるのではなくて、初めの年は百日、次の年も百日、三年目も百日、四年目に二百日、五年目も二百日、六年目は百日、七年目は二百日と、七年間かけて行います。

最初の年の百日は、一日に七里半（約三十キロメートル）の距離を、さまざまなところを回って、行く先々で合掌礼拝《がっしょうらいはい》をしながら歩きます。このコースで続けて、五年目の二百日が終わった時点で「堂入り《どうい》」という行が行われます。堂入りとは九日間、断食・断水・不眠・不臥《ふが》、つまり九日間、何も食べない、水を飲まない、眠らない、横たわらないということです。こうしてこの行において七年間かけて歩いた距離が、約三万八千四百キロメートルだったと記憶しています。大体地球一周分ですね。それほどに過酷な行であります。

このような比叡山での行が、親鸞における一つの宗教体験といえます。つまり、親鸞はそのような過酷な行をしても何にもならなかったということです。普通の人間にはできないような行をしてもなお、親鸞自身の心は決して清らかになっていかなかったのです。後に親鸞は比叡山を下りるわけですから。

四、下　山——なぜ比叡山を下りたのか——

『恵信尼消息』の第一通に「山《やま》を出《い》でて、六角堂《ろっかくどう》に百日籠《ひゃくにちこも》らせたまひて、後世《ごせ》をいのらせたまひけるに」（『註釈版』八一一頁、『聖典』六一六頁）という言葉が出てきます。ここでは六角堂に百日籠ったと示されてはいますが、なぜ比叡山を下りたのかということまでは示されていません。その他、覚如の『報恩講私《ほうおんこうし》記《き》』には、

しかれども色塵《しきじん》・声塵《しょうじん》、猿猴《えんこう》の情《こころ》なほ忙《いそが》はしく、愛論《あいろん》・見論《けんろん》、痴膠《ちこう》の憶《おもい》いよいよ堅《かた》し。断惑証理《だんわくしょうり》愚《ぐ》鈍《どん》の身成《みじょう》じがたく、速成覚位《そくじょうかくい》末代《まつだい》の機《き》覃《およ》びがたし。（『註釈版』一〇六七頁、『聖典』七三九頁）

と、美文調でいわれています。わかりやすくいえば、煩悩《ぼんのう》というものに悩まされ乱されて、釈尊《しゃくそん》から遠く離れた時代の凡夫《ぼんぶ》は、速やかにさとりの位を成ずることが不可能であるから山を下りたのだ、という言い方がされています。また、存覚の『歎徳文《たんどくもん》』では、

定水《じょうすい》を凝《こ》らすといへども識浪《しきろう》しきりに動《うご》き、心月《しんがつ》を観《かん》ずといへども妄雲《もううん》なほ覆《おお》ふ。しかるに一息《いっそく》追《つ》がざれば千載《せんざい》に長《なが》く往《ゆ》く、なんぞ浮生《ふしょう》の交衆《きょうしゅ》を貪《むさぼ》りて、いたづらに仮名《けみょう》の修学《しゅがく》に疲《つか》れん。すべからく勢利《せいり》を抛《なげう》ちてただちに出離《しゅつり》を悕《ねが》ふべし（『註釈版』一〇七七頁、『聖典』七四四頁）

と述べられています。仏教の代表的な行として禅定《ぜんじょう》があります。仏道《ぶつどう》の一番初歩的な「三学《さんがく》」の中に「定」と示され、八正道《はっしょうどう》の中にも「正定《しょうじょう》」があり、六波羅蜜《ろくはらみつ》にも「禅定」があります。心の動き、心の

乱れをとどめ、心を一カ所に定め、動かないよう静かにするのが定です。「定水を凝らすといへども識浪しきりに動き」とは、自分の心を水に喩えて、心の波を静かにしようと思っても、どうしても動いてしまうということです。「心月を観ずといへども妄雲なほ覆ふ」とあるのは、心を月に喩えているわけです。天台宗ではあらゆるものの中に心が潜んでいるとして、とりあえず自分の心を見なさいといいます。仏を見ることもできるけれども、仏はあまりにも高すぎて見ることが難しい。衆生《しゅじょう》を見ることもできるけれども、多すぎて見ることが難しい。一番身近にある自分の心を見ることによって、真実を見ることにつながっていくというのが天台宗の教えです。ここでは、その心月という心の月を見ようと思っても、煩悩の雲が覆ってしまって見ることができないといわれます。つまり、比叡山で行われている行によって自らを仏に近づけていこうと仏道を歩んでみても、結局できなかったということがいわれているのです。そして、私たちは呼吸を止めてしまうとそのまま命が終わってしまいます。しかもいつ終わるかわかりませんから、そんなに悠長に構えているわけにはいきません。だから比叡山を下りたんだといわれているのが「一息追がざれば千載に長く往く」以下の意味であります。

いつ命が終わるのかわからないから悠長に構えているわけにはいかないということに関連するのが「親鸞夢記《むき》」（高田派専修寺《せんじゅじ》蔵、「三夢記」とも称される）という文章です。これは江戸時代のものしか残されていないので、史料価値を疑う意見もあります。ただ江戸時代の写本しか残っていないからといって全否定してしまうのも問題で、親鸞が書いた箇所もあるとする説もあります。そこには、次のようにあります。

親鸞夢記云　建久二歳（一一九一、親鸞十九歳）辛亥暮秋仲旬第四日ノ夜　聖徳太子善信告勅言　我三尊化

塵沙界　日域大乗相応地　諦聴諦聴我教令　汝命根十余歳　命終速入清浄土　善信善信真菩薩

（親鸞夢記に云く、建久二歳〈一一九一、親鸞十九歳〉辛亥暮秋中旬第四日の夜、聖徳太子善信に告勅して言わく、「我が三尊塵沙界を化す。日域は大乗の相応地なり。諦かに聴け諦かに聴け我が教令を。汝の命根十余歳にして命終して速やかに清浄土に入るべし。善く信ぜよ善く信ぜよ真の菩薩を」。）

このような夢のお告げを十九歳の時に受けたのです。『恵信尼消息』に、親鸞が法然のもとへ赴いてひたすら聞いたのは、「生死《しょうじ》出《い》づべき道《みち》」（『註釈版』八一一頁、『聖典』六一六頁）であったと示されています。「生死」とは「迷い」のことです。親鸞において、いかにしてこの迷いを抜け出すかが一番の問題でありました。そのような時に「お前の命はあと十年ほどしかない」といわれたのですから、悠長に構えてはいられません。比叡山に登って迷いというあり方から抜け出そうとしたけれども、親鸞は迷いを抜け出す道が比叡山では見つかりませんでした。よって、自らの「生死出づべき道」を見つけ出すために六角堂に参《さん》籠《ろう》したといわれています。『御伝鈔』ではごく単純に、「建仁第一《けんにんだいいち》の暦春《れきはる》のころ　上人《しょうにん》（親鸞）二十九歳《にじゅうくさい》隠遁《いんとん》のこころざしにひかれて」（『註釈版』一〇四四頁、『聖典』七二四頁）とあります。世を去り、隠れ遁《のが》れるという志に引かれて比叡山を下りたといわれています。親鸞が自分の宗教体験を述べるのは非常に少ないのですが、『教行信証《きょうぎょうしんしょう》』「化身土文類《けしんどもんるい》」に「しかるに愚禿釈《ぐとくしゃく》の鸞《らん》、建仁辛酉《けんにんかのとのとり》の暦《れき》、雑行《ぞうぎょう》を棄《す》てて本願《ほんがん》に帰《き》す」（『註釈版』四七二頁、『聖典』三九九頁）と示されています。建仁元（一二〇一）年、親鸞二十九歳、まさに法然の門下へ入門した年に、雑行というさまざまな修行によって生死を抜け出していこうとする道を棄てて、ただ阿弥陀仏の本願に救われていく道に帰したことが述べられています。

五、夢　告――六角堂への参籠――

六角堂に百日籠ったということは一体何を意味するのでしょうか。浅田先生は通い参籠であっただろうといわれていますが、親鸞が比叡山から六角堂へ通ったということについても伝説があります。

比叡山は伝教大師最澄によって、一旦登ったならば十二年は下りることを許されない籠山《ろうざん》ということが定められています。しかし、親鸞は毎晩、みなが寝静まった頃を見計らって抜け出し、みなが起きる前にまた帰ってくるということを繰り返していました。これを何日も続けていますと、当然気付く人もいて「どうも範宴《はんねん》（親鸞）が、毎晩山を抜け出しているようだ。きっとどこかで悪いことをしているに違いない」と、みなの間で噂になります。それを聞いた親鸞の得度の師匠といわれる天台座主《てんだいざす》慈円が「あの範宴がそんなことをするはずがない。しかし夜中に抜け出して、一体何をしているのか調べてみよう」と一計を案じ、真夜中に比叡山の根本中堂《こんぽんちゅうどう》の鐘をつきました。比叡山では根本中堂の鐘がつかれると、全員集合しないといけないというルールがあります。平安末期ですと、朝廷などに訴えに行く時にその鐘でみなを集めて、京都へ押し出していくという形でも使われていました。慈円はこの鐘を鳴らして、集まったみなに蕎麦をご馳走しました。みなが喜んで食べている最中、周囲を見渡すと範宴も蕎麦を食べていたので、山の外へ出て行っているわけではなかろうということになりました。しかし実際には、親鸞はその日も山を抜け出していたのです。次の日、親鸞がみなの話を聞いていると、昨夜集められて食べた蕎麦が美味しかったと言い合っています。「お前も食べて美味しかっただろう」といわれ、何のことだか聞くわけにもいかず、ふと普段拝んでいる阿弥陀仏像を見ると、不思議なことに、その口の端に蕎麦の切れ端が付いていた、という伝説です。

今でも比叡山にはたくさんのお堂があり、そのお堂の本尊《ほんぞん》は仏や菩薩《ぼさつ》であって、たとえ伝教大師最澄であっても人間が本尊というお堂はありません。しかしそんな中で一カ所だけ親鸞の木像が本尊のお堂があります。「なぜそこだけ親鸞聖人が本尊なのですか」と聞いたところ「親鸞聖人ではありません、親鸞聖人の姿をとった阿弥陀仏です」という答えが返ってきました。留守の親鸞に代わって阿弥陀仏が蕎麦を食べた、この言い伝えに基づいて親鸞の姿をとった阿弥陀仏を本尊としているのです。

伝説をどう捉えるか

こういう伝説というのは、歴史学的にいうと何の意味もありません。歴史学というのは、きちんとした史料に基づいて過去の事実を決めていきますから、伝説に基づいた事実というのは歴史学の上ではあり得ないわけです。しかし学問的にいえば、文化人類学とか民俗学などの分野ですと、伝説・言い伝えは、それで何かが表現されているという見方をしていきます。

たとえば四国には弘法大師《こうぼうだいし》伝説がたくさんあります。日照りで困っている地方に弘法大師が通りかかって、持っている杖で岩の壁を叩くと、そこから水が噴き出してきたというような伝説です。これにはおそらく何か核になるようなことがあると考えられます。誰か井戸を掘るのが上手な人がいて、干ばつで困っている所へ行って井戸を掘って水が出てきてみな喜んだということがあったとか、あるいはみなが、弘法大師という人はそれほど不思議なことをしてもおかしくないほどに立派な人だった、という受け止め方をしていたとか、そういうことです。

越後へ行きましても親鸞に関する伝説はいくつか伝わっています。たとえば川越《かわごえ》の名号《みょうごう》という話があります。親鸞を泊めた人が、明朝出発してすでに川を越えて向こう岸へ渡った親鸞へ「お名号を一筆書いて欲しかったがお願いするのを忘れた」と伝えると、川の向こう側から親鸞が「南無阿弥陀仏」と書き、川のこちら側の紙に「南無阿弥陀仏」の文字が浮かび上がってきたという伝説です。科学的な目から見ると、「そんな馬鹿な」というような話ですが、親鸞というお方はそういうことをされても不思議のないほど立派な方であったとみなが思っていたということが、少なくともこういう伝説が伝わってきたことの一つの「意味」としてあるわけです。そんなことができるはずがないとみなが思っていたら、そんな言い伝えが伝わるはずはないですね。ですから、その土地の人々が親鸞をどのように見ていたのかをあらわす一つの資料だと考えることもできます。そう考えますと、阿弥陀仏の像が蕎麦を食べて、仏像の口の端に蕎麦の切れ端が付いていたというのは少し信じられないですが、その言い伝えの核になるところに、親鸞が夜になると抜け出していたということがあったのではなかろうか、と考えてもいいのではないでしょうか。

さて、当時の参籠は通い参籠がスタンダードであったということとあわせると、親鸞は比叡山から六角堂に百日間通ったと考えることもできるわけです。淺田先生は、夜中に比叡山を抜け出して、六角堂に着き、何時間か籠った後に、今度はみなが起きるまでに比叡山に帰る、これは相当なスピードで比叡山を登り下りできないと不可能であり、それができたのは親鸞も千日回峰行を行っていたからだろうと、そこまで説を立てていかれます。

千日回峰行の行者さんに関するこんな話があります。比叡山にはすごい行をしている人がいると、テレビ局がドキュメンタリー番組を作ろうとビデオを撮りに行きました。スタッフは、お堂から行者の姿を撮影する地点まで下りるのに三十分かかったそうです。そこで、いくら行者が速いとはいえ、トランシーバーで「今お堂を出ました」と報告を受けてから、機材をセットしても充分間に合うだろうと思っていたところ、スタッフが三十分かけて下りてきた道を行者は七分で下りてきた、こういう話です。普通山道はジグザグにできていますが、行者はそれをまっすぐに下りてくるほどすごい脚力だそうです。九日間の堂入りによって身体が変わり、行を終えた後は非常に身が軽くなるともいわれています。ですから、みなが寝静まった頃に比叡山を出て、六角堂で何時間か籠り、明け方までに帰る、そういうことはやはり千日回峰行のような行をした人でないと無理だろうといわれているわけです。

夢告にまつわる諸説

さて、次に『恵信尼消息』には、

山《やま》を出《い》でて、六角堂《ろっかくどう》に百日《ひゃくにち》籠《こも》らせたまひて、後世《ごせ》をいのらせたまひけるに、九十五日《くじゅうごにち》のあか月《つき》、聖徳太子《しょうとくたいし》の文《もん》を結《むす》びて、示現《じげん》にあづからせたまひて候《そうら》ひければ、やがてそのあか月出《つきい》でさせたまひて、後世《ごせ》のたすからんずる縁《えん》にあひまゐらせんと、たづねまゐらせて（『註釈版』八一一頁、『聖典』六一六頁）

とあります。これは、誰を訪ねたかというと、法然です。「あか月」とは「暁」の漢字を当てて、平安時代の言葉の意味からすると、真っ暗で東の空が白む前、夜明け前を指します。

六角堂に百日通って籠り、九十五日目の夜明け前に六角堂を出て行く時、親鸞が六角堂の本尊である救世観音《くせかんのん》から夢のお告げを受けたのですが、これもいろいろな説があります。もともと三つの説があったのですが、第三説は不明で、残っているのは第一説と第二説です。今のところ第二説が支持を得ています。

第一説は、聖徳太子とそのお母さんと奥さんとが、弥陀三尊《みださんぞん》だという内容の夢のお告げですが、このお告げを受けたとしても、それが直接法然の所へ行くきっかけにはならないだろうと考えられています。

それに対して第二説は「行者宿報の偈《ぎょうじゃしゅくほうのげ》」として、

行者宿報にてたとひ女犯すとも、我玉女の身となりて犯せられむ、一生の間よく荘厳して、臨終に引導して極楽に生ぜしめむ

（『聖典全書』二・一〇〇八頁）

と伝わっています。行者というのは、仏道修行をする出家者です。出家者は女性と肉体関係を結んではいけないと戒律《かいりつ》で定められています。江戸時代までは幕府の法度《はっと》で、僧侶は女性と肉体的関係を持ってはいけないとされ、もしばれた時には唐傘《からかさ》一本で寺から追い出されていました。明治に入って国が宗教的な内容を法で縛るのはおかしいということになり、何宗であろうと結婚し始めたということがあります。このように出家者は、基本的に女性と関係を持ってはならないけれど、宿報、つまり過去の行いの報いによって、破戒《はかい》行為を行ってしまう時は、私が美しい女性となり、命終わる時には極楽に生まれさせましょうと、観音菩薩が偈を立てています。後に親鸞はまさにこの偈に応ずる形で、妻の恵信尼を観音の化身《けしん》だという

ふうに受け止めていかれました。現代の感覚では、夢のお告げということがなかなか信じられません。ただし、この時代の人たちは夢のお告げを本気で信じていたようです。夢とは、普段私たちの意識に浮かび上がってこないけれども心の底でわかっているようなことが、意識の表面にのぼってくるものといえます。六角堂に行った時点で親鸞は、どうすれば「迷い」というあり方から抜け出すことができるのかをひたすら求めていましたが、実は親鸞自身の中に答えはあったのです。答えはあったけれども、まだ意識の表面には浮かび上がってきていない。それが夢という形で浮かび上がってきたのだろうといわれています。法然が何を説いているのかという噂は、当時比叡山にも届いていたはずです。元々比叡山で「智慧第一《ちえだいいち》」といわれたほど有名な人であった法然が、天台宗の教えを捨てて、念仏一つで浄土《じょうど》に生まれていくことができるという教えを説いていることは、おそらく親鸞の耳にも届いていたはずです。ですから、比叡山でさまざまな修行をしても迷いというあり方から抜け出すことができない、どうすれば抜け出すことができるだろうかと悩んでいた時に、心の底にひそんでいた、戒律を守れなくても、戒律を破っても救われていくという法然の教えへの思いが、夢のお告げという形で親鸞の心の表面に浮かび上がってきたのではないでしょうか。今から八百年近く前の親鸞が一体どういう心理状態だったのかは誰にもわからないことですが、あくまで解釈としてはそういう解釈ができるということです。

六、法然門下時代

法然のもとに通うことについて『恵信尼消息』にはこう書いてあります。

後世《ごせ》のたすからんずる縁《えん》にあひまゐらせんと、たづねまゐらせて、法然上人《ほうねんしょうにん》にあひまゐらせて、また六角堂《ろっかくどう》に百日籠《ひゃくにちこも》らせたまひて候《そうら》ひけるやうに、また百《ひゃっ》か日《にち》、降《ふ》るにも照《て》るにも、いかなるたいふにも、まゐりてありしに、ただ後世《ごせ》のことは、よき人《ひと》にもあしきにも、おなじやうに、生死《しょうじ》出《い》づべき道《みち》をば、ただ一《ひと》すぢに仰《おお》せられ候《そうら》ひしを、うけたまはりさだめて候《そうら》ひしかば、「上人《しょうにん》のわたらせたまはんところには、人《ひと》はいかにも申《もう》せ、たとひ悪道《あくどう》にわたらせたまふべしと申《もう》すとも、世々生々《せせしょうじょう》にも迷《まよ》ひければこそありけめ、とまで思《おも》ひまゐらする身《み》なれば」と、やうやうに人《ひと》の申《もう》し候《そうら》ひしときも仰《おお》せ候《そうら》ひしなり。

（『註釈版』八一一～八一二頁、『聖典』六一六～六一七頁）

夢のお告げを受けて、六角堂と同じように百日間、雨の日も風の強い日も、どんな日でも法然のもとへ通って、ただ一筋に「生死出づべき道」を聞いたといわれています。「生死出づべき道」とは、迷いというあり方から抜け出す道です。親鸞はただひたすらそれを求めていました。

そこで受けたのが、念仏以外に何も必要としないという教えです。仏教には止悪作善《しあくさぜん》という言葉があります。悪いことを止めて善いことを作《な》すというのが、仏教の行で一番シンプルな形といわれます。しかし、悪を止めようとしてもどうしても止めることのできない私、仏の眼から見ると善にはならないようなことしかできない私が、ただひたすら念仏することで迷いというあり方から抜け出すことができる。そういう教えを法然から受けたのです。百日間通う中で、私が迷いから抜け出す道はこれしかないと納得し、親鸞は法然の弟子になりました。

元久元（一二〇四）年、親鸞は『七箇条制誡』に「綽空」と署名します。つまり法然の弟子になった時点で、綽空という名前に変えたということです。綽空とは、後に親鸞が七高僧《しちこうそう》と位置付けていく人々の中の道綽《どうしゃく》の「綽」と、直接の師匠である源空《げんくう》の「空」を取ったと考えられます。

『選択集』の相伝

元久二（一二〇五）年に親鸞は、法然の主著『選択集《せんじゃくしゅう》』（『選択本願念仏集《せんじゃくほんがんねんぶつしゅう》』）を書き写すことを許可され、そして真影《しんねい》といわれる法然の絵像を頂戴します。『選択集』は、元々は時の関白、九条兼実《くじょうかねざね》の求めに応じて製作されたものです。その一番最後には、「この『選択集』をお読みになった後は、これを窓辺に置いておかないようにしてください。壁に埋めてください」と書かれてあります。この『選択集』を公開すると、人によっては念仏の教えを毀《そし》る人が出てくるかもしれない、念仏の教えを毀るというのは地獄行きの行いである、そういう意味で、地獄へ堕ちる人をつくることにもなるから公開しないで欲しい、こういうことが書かれてあります。しかし法然が亡くなって、その思いに反するように『選択集』が出版されます。昔の出版ですから、木の板に文字を彫り込んでいくという版木《はんぎ》による出版なのですが、出版されてすぐさま、比叡山から「とんでもない、けしからん書物だ」と非難され、結局版木は焼かれてしまいます。法然の心配した通りになったのです。

ある人は、この「壁に埋める」というのは中国の歴史から来ているといいます。初めて中国全体を統一した秦《しん》の始皇帝《しこうてい》は、この時にそれまでバラバラであった文字を統一します。そしてもう一つ、車の幅を統一します。元々は国によって車の幅が違いました。昔は今のように舗装されていませんから土の道です。土の道に雨が降りますとドロドロになります。ドロドロの道を車が通りますと、それが乾いた時レールのように轍ができます。その轍を、車の幅が一緒だったら通れるのですが、幅が違いますと通れません。ですから国が分かれている時は、他の国の戦車が攻め込んできた時に自分の国の中で自由に動けないようにするため、あえて車の幅を変えていました。しかしこれでは不便だということで、始皇帝が、「軌」すなわち車の幅を統一したのです。その時に同時に思想の統一をしています。これは「同文同軌《どうぶんどうき》」といわれます。秦という国は、法律至上主義で栄えてきた国です。この時代、儒教《じゅきょう》は弾圧されています。儒教の書物はすべて焼かれ、儒者は穴に埋めて殺されてしまうということがこの時代に起こります。全部焼いてしまうわけですから、本来は後の時代まで儒教は伝わらないはずですが、孔子《こうし》の『論語《ろんご》』等の大事な書物は壁の中に埋めて弾圧を逃れたという歴史があるそうです。壁の中に埋めた以上、当然紙の書物ではないでしょう。紙の書物であれば壁土の中に埋めてしまうとボロボロになってしまいます。この時代は竹簡《ちくかん》という竹に書いてある書物ですから、竹でしたら壁の中に埋めても傷むことはありません。こういう前例がありますので、おそらく法然には『選択集』を公開すると弾圧に遭うだろうという見通しがあって、壁の奥に埋めるようにと『選択集』の最後に書いたのだともいわれています。

七、流　罪――念仏弾圧――

法然が恐れていたことが現実化し、承元《じょうげん》元（一二〇七）年、親鸞は三十五歳、法然は七十五歳の年に、いわゆる念仏弾圧と呼ばれる事件が起きます。念仏弾圧とか念仏停止《ちょうじ》といわれていますが、念仏そのものが禁止されたわけではありません。「南無阿弥陀仏」と称える念仏は、この時代、比叡山でも行われていました。念仏そのものではなく、専修念仏が禁止されたのです。専修念仏とは「念仏一つでよい、その他、戒律を守る必要も、止悪作善も必要ではない」とするものです。しかし、そういう法然の教えを誤解して「悪いことをしても念仏さえしていれば阿弥陀仏によって救われるのだから、悪いことをし放題だ」と考える人たちも出てきます。そこで「私はそのように弟子には教えていない」として、門弟に生活を正しくすることを誓わせたのが、元久元年の『七箇条制誡』でした。弾圧をうけた原因としては、法然の弟子たちが倫理道徳を乱してしまうことも一つの理由であったようですが、法然の教え自体をけしからんと主張し、朝廷に訴えた人たちもいました。具体的にいうと、興福寺《こうぶくじ》の解脱房貞慶《げだつぼうじょうけい》が書いた『興福寺奏《そう》状《じょう》』というものが残っています。さまざまなことが複合的に絡みあって、専修念仏弾圧・専修念仏停止という事態になります。

そしてそれによって親鸞は流罪となり、京都から遠く離れた場所に送られるという刑罰を受けます。『歎異抄《たんにしょう》』の最後にある流罪記録には、後鳥羽院《ごとばのいん》の御宇《ぎょう》、法然聖人《ほうねんしょうにん》、他力本願念仏宗《たりきほんがんねんぶつしゅう》を興行《こうぎょう》す。時《とき》に、興福寺《こうぶくじ》の僧侶《そうりょ》、敵奏《てきそう》の上《うえ》、御弟子《おんでし》のなか、狼藉子細《ろうぜきしさい》あるよし、無実《むじつ》の風聞《ふうぶん》によりて罪科《ざいか》に処《しょ》せらるる人数《にんじゅ》の事《こと》。

一　法然聖人《ほうねんしょうにん》ならびに御弟子七人《おんでししちにん》、流罪《るざい》。また御弟子四人《おんでししにん》、死罪《しざい》におこなはるるなり。聖人《しょうにん》（法然）は土佐国《とさのくに》　幡多《はた》　といふ所《ところ》へ流罪《るざい》、罪名藤井元彦男《ざいみょうふじいのもとひこおとこ》云々《うんぬん》、生年七十六歳《しょうねんしちじゅうろくさい》なり。

親鸞《しんらん》は越後国《えちごのくに》、罪名藤井善信《ざいみょうふじいのよしざね》云々《うんぬん》、生年三十五歳《しょうねんさんじゅうごさい》なり。

浄聞房《じょうもんぼう》　備後国《びんごのくに》　澄西禅光房《ちょうさいぜんこうぼう》　伯耆国《ほうきのくに》　好覚房《こうかくぼう》　伊豆国《いずのくに》　行空法本房《ぎょうくうほうほんぼう》　佐渡国《さどのくに》　幸西成覚房《こうさいじょうかくぼう》・善恵《ぜんえ》房二人《ぼうににん》、同《おな》じく遠流《おんる》に定《さだ》まる。しかるに無動寺《むどうじ》の善題大僧正《ぜんだいだいそうじょう》、これを申《もう》しあづかると云々《うんぬん》。遠流《おんる》の人々《ひとびと》、以上八人《いじょうはちにん》なりと云々《うんぬん》。

死罪《しざい》に行《おこな》はるる人々《ひとびと》

一番《いちばん》　西意善綽房《さいいぜんしゃくぼう》

二番《にばん》　性願房《しょうがんぼう》

三番《さんばん》　住蓮房《じゅうれんぼう》

四番《しばん》　安楽房《あんらくぼう》

二位法印尊長《にいのほういんそんちょう》の沙汰《さた》なり。

（『註釈版』八五五～八五六頁、『聖典』六四一～六四二頁）

とあります。興福寺の人が法然の教えに敵対する訴えを起こして「法然の弟子の中に乱脈な生活をしている者がいる」と無実の風評を起こしました。そのことによって、弟子七人は流罪、弟子四人は死罪になりました。法然は土佐国（現在の高知県）へ流罪になり「罪名藤井元彦」と書かれています。当時の法律では、僧侶は治外法権的な位置付けにあったので、罰を加える時には俗人に戻したのです。この時代は、僧侶はある種の国家資格でした。朝廷から与えられる資格ですから、朝廷はその資格を奪ったのです。そして俗人の名前を付けます。当時は「藤井」と付けるのが一般的だったようです。判決では土佐国の幡多ということでしたが、実際には讃岐国（現在の香川県）の塩飽島《しわくじま》に流されています。同じ四国でも、この時代は讃岐と土佐とでは大違いです。讃岐まで船で行って、その後山を越えて土佐まで行かなければなりません。七十六歳という老齢だからそこまで遠くへ行かなくてもいいだろうと、瀬戸内海の塩飽島になったわけです。

流罪後の親鸞

一方親鸞は越後国、今の新潟県上越市に流されます。親鸞も僧侶の資格を剝奪され「罪名藤井善信」という俗名《ぞくみょう》を与えられます。親鸞は法然から『選択集』の書写を許され真影を貰った時に、「綽空」という名前を「善信」に変えています。法然から一字いただいた名前なのに、それを変えるのはよほどの意味があったと考えられます。「善信」というのは、二十九歳の夢のお告げに「善く信ぜよ善く信ぜよ真の菩薩を」と「善信」という言葉が出てきますから、ここから取った名前ともいわれています。そうすると、この夢のお告げにそれなりの信憑性があるという事にもなります。「無動寺の善題大僧正」の「善題」は正しくは「前代」で、無動寺という寺の前住職の大僧正である慈円であろうといわれています。この時代は、発音が同じであれば別の漢字を使っても構わないという習慣があったようです。特に罪人をあずかるというのは決して名誉な事ではないから、ここは婉曲《えんきょく》に字を換えているともいわれています。ですから、法然と弟子七人の合計八人は流罪になりましたが、最後の二人は無動寺の大僧正があずかったということになります。このような記録が、現在残っている『歎異抄』の一番古い蓮如《れんにょ》書写本に付いています。ちなみに『歎異抄』の書写本はこの「流罪記録」が付いているものと付いていないものとで、大きく二つの系統に分かれています。

その後、親鸞は流罪を赦免されます。当時の僧尼令《そうにりょう》といわれる法律では、流罪にあう時には僧侶の資格を剥奪され、俗人の名前を付けられますが、流罪が許された時には自動的に僧侶の資格は復活すると定められていました。しかし親鸞は、流罪の最中から自らを「非僧非俗《ひそうひぞく》」の身といいました。そして、それを意味する「愚禿」を名乗り、流罪が許され僧侶の資格が復活しても、この名前を使い続けます。つまり親鸞は、自身はもはや国が認める僧ではないのだという意識を持ち続けていたと考えられます。

八、伝道と述作

親鸞は流罪が許された後、すぐに京都に帰るのではなく、関東へ出て行きます。おそらく長野の善光寺《ぜんこうじ》の辺りを通って行ったのだろうといわれています。善光寺にも親鸞にかかわる伝説がいくつも伝わっています。親鸞は関東へ出て念仏の教えを広めますが、当時の関東はいわゆるフロンティアではなく、既に法然の念仏の教えがある程度根付いていたと考えられます。実際に親鸞の集めた法然の法語あるいは消息類の中に、法然の弟子の中の何人かは関東の弟子であったと示されています。この時代、念仏の教えは法然の教えであるというのが一般の理解であり、親鸞は法然から直接教えを受けた人と位置付けられました。そういう意味で親鸞は、関東において教学の最高顧問のような存在だったようです。念仏者の集団は既にいくつかできていて、そのリーダーは別にいました。よって、親鸞は関東において教団運営には何もかかわっていなかっただろうけれど、念仏の教えについては一番の権威であった、このように位置付けられています。

越後から関東へ行く途中、建保《けんぽう》二（一二一四）年に「三部経千部読誦《さんぶきょうせんぶどくじゅ》」があります。親鸞は、飢えに苦しむ者を助けるために三部経を千回読もうと願いを起こしたが、途中で念仏以外には何も必要ない、と思い返して止めたというエピソードです。これは『恵信尼消息』に出ています。関東での教化については、およそ四十二歳頃から六十歳頃までとされています。さまざまな史料を照らし合わせてみると、元仁《げんにん》元（一二二四）年、五十二歳の年を中心として『教行信証』を執筆したといわれています。京都に帰ってからも、六十歳頃から八十八歳頃までさまざまな書物を執筆します。九十歳で往生されますが、八十八歳まで書物を書くとはすごいエネルギーです。

九、往生

親鸞の往生は弘長《こうちょう》二（一二六二）年で、数え年の九十歳であるといわれます。月日は十一月二十八日です。ところがこの弘長二年十一月二十八日を太陽暦に直すと、一二六三年一月十六日となります。ですから、親鸞の命日にそれぞれの真宗教団で御正忌《ごしょうき》をお勤めしますが、大谷派《おおたには》は旧暦の日付を重視して十一月二十八日を、本願寺派は季節感を重視して一月十六日を親鸞の命日として法要を行っています。十一月二十八日に比べて一月十六日の方がだいぶ寒くなりますから、こんな寒い日に親鸞は亡くなられたのかと思いを馳せるわけです。

ただ、生まれた年が一一七三年ですから、もし一二六三年に往生されたとすると、数え年は九十一歳になってしまいます。そこで日本歴史学会では、親鸞の没年である弘長二年は一二六二年と見做すと決めています。ですから一般的には親鸞の生没年は、一一七三年〜一二六二年とするのが普通なのですが、親鸞が亡くなった日までを厳密にいうとするならば、一二六三年一月十六日と表現するというわけです。

第二章

親鸞の追求したもの

この真宗学概論という講義では、単に親鸞《しんらん》の伝記を見るのではなく、親鸞の宗教体験がどのようなものであったのかという視点でこれまで親鸞の生涯を概観しました。その親鸞の宗教体験を見ていく時、まず親鸞が何を求めていたのか、そして、何を得たのかということが非常に重要な問題となります。『恵信尼《えしんに》消息《しょうそく》』の中に、

後世《ごせ》のたすからんずる縁《えん》にあひまゐらせんと、たづねまゐらせて、法然上人《ほうねんしょうにん》にあひまゐらせて、また六角堂《ろっかくどう》に百日籠《ひゃくにちこも》らせたまひて候《そうら》ひけるやうに、また百《ひゃっ》か日《にち》、降《ふ》るにも照《て》るにも、いかなるたいふにも、まゐりてありしに、ただ後世《ごせ》のことは、よき人《ひと》にもあしきにも、おなじやうに、生死出《しょうじい》づべき道《みち》をば、ただ一《ひと》すぢに仰《おお》せられ候《そうら》ひしを、うけたまはりさだめて候《そうら》ひしかば

（『註釈版』八一一頁、『聖典』六一六～六一七頁）

という文があります。まず「後世のたすからんずる」について、史料的には問題がありますが、親鸞が十九歳の時に、「汝命根応十余歳（なんぢが命根、十余歳）」（『親鸞聖人正統伝《しょうとうでん》』もしくは『親鸞聖人正明伝』に記載

あり）と、お前の命はあと十数年しかないという夢のお告げを受けたといわれます。その命が終わった後、また同じように迷いの世界に繰り返し流転《るてん》しないようにしたい、というのが親鸞の一つの大きな問題意識であったといえます。「後世のたすかる」ということを理解する上でポイントとなるのは、「生死出づべき道」という言葉です。これを、親鸞は求めていたと考えられるわけです。

一、苦しみの解決

「生死」とは、「迷い」を意味しています。釈尊《しゃくそん》によれば「迷い」とは基本的には苦しみです。実はこの説明は順番が逆で、仏教では、なぜ苦しみがあるかというと、正しい智慧《ちえ》を身に付けず、迷いというあり方にあるからなのだと考えるのです。ですから、仏教という教えは苦しみの解決を出発点としていると考えられるわけです。

たとえば、釈尊の伝記の中に、次のようなエピソードがあります。釈尊はシャカ族の王子、シッダールタとして生まれました。そして出家をしますが、そのきっかけとして、四門出遊《しもんしゅつゆう》が示されます。王族ですから、当然王宮に住んでいましたが、インドも中国も、まず町全体が一つの城壁で囲まれています。その中央部にまたいわゆる王族の住む城があります。そういうかたちになっていますので、宮殿を出る時にも門を出ないといけないし、町を出る時にも門を出ないといけません。おそらくこの四門出遊というのは、町を出る時であろうと考えられます。東の門から出る時にシッダールタは「老人」に出会います。老人は腰布一つで上半身には肋骨が浮き出ています。髪の毛も、歯も落ちて、杖をついて歩く老人の姿を見て、老いることに対する苦しみを感じました。同じように、南の門で「病人」に出会います。痩せて、呼吸をするのもおぼつかない人の姿を見て、シッダールタは病気の苦しみを感じました。そして、西の門では「死人」に出会います。具体的には葬儀の様子を見たということです。そこで、人間はみな死ぬのだということを感じます。最後、北の門で「出家者」に出会います。ボロを着ているけれども、非常に晴れやかな顔をしています。シッダールタは老・病・死という、年を取る苦しみ、病気になる苦しみ、そして死ぬという苦しみ、これらの苦しみを解決する道があるはずだと、その道を求めて出家しました。これにより、仏教はやはり、苦しみの解決というところから出発しているのだと受け止めることができます。

このような老・病・死の三つの苦しみから、どうすれば逃れることができるのか。ほぼ、逃れることはできないですね。特に年を取るのと、死ぬというのは誰も逃れることができません。病気にならないようにするのはそれなりの努力で、ある程度可能になるかもしれません。しかし、生まれてから今に至るまで一度も病気をしたことがない人は、おそらくいないと思います。やはり、病気もみなが受けていく苦しみなのです。これには、財産のあるなし、身分の高い低いとかは関係ありません。みなが受けていかなくてはいけない苦しみです。そのような老・病・死の苦しみは、そもそも生まれるところから始まります。生まれて老いる、生まれて病気になる、そして生まれて死ぬ、という流れが「生死」という言葉で表現されています。その苦しみというあり方を解決する道、すなわち釈尊の得た答えは、正しい智慧を身に付けるというものでした。

釈尊が生まれた時、七歩歩んで、天と地を指差し「天上天下唯我独尊」といわれたという伝説を知っている方は多いと思います。「天上天下唯我独尊」という言葉が有名ですが、ほとんどの文献では「天上天下唯我為尊」となっています。この場合「天の上にも天の下にも唯我を尊しとなす」という意味になります。この言葉は、私たち仏教徒ならば「お釈迦さまがいったことだから」とそれなりに納得しますが、もし仏教徒以外の人が聞きますと「とんでもない」と受け止められる可能性があります。実はこの「天上天下唯我独尊」という言葉には続きがあります。たとえば、原始経典といわれる阿含《あごん》系の『修行本起経《しゅぎょうほんぎきょう》』には「天上天下唯我為尊　三界皆苦吾当安之」（『大正蔵』三・四六三頁下）とあり「三界はみな苦しみであり、吾まさにこれを安んず」と続いています。三界とは迷いの世界のことで、そこでの苦しみを私は安らかにするのだといわれています。あるいは『長阿含経《じょうあごんきょう》』には、過去仏である毘婆戸仏が誕生したときの宣言が「天上天下唯我為尊　要度衆生生老病死」（『大正蔵』一・四頁下）と示されており、「要《かなら》ず衆生の生老病死を度す」といわれています。この「度」は「わたす」という意味です。一般的に「わたす」という漢字は「度」にさんずいを付けます。さんずいを付けるのは、河などの水の上を「渡す」からです。しかし、迷いから悟りへ「わたす」のは、別に水と関係がありません。ですから、迷いから悟りへ「わたす」という時には、さんずいをはずして「度」を用います。これが仏教の習慣になっています。結局、仏という存在は迷いの中にある生きとし生けるものの苦しみを安らげる存在だということです。そして、これが「尊い」といわれる理由です。逆にいえば、このようなことをしない者は尊くないということになります。苦しみを安らげる存在であるからこそ尊いのであって、人が苦しんでいるのをほったらかしにするような者は決して尊くはありません。仏とは苦しみを抜く存在であり、悟りとは苦しみが安らかにされた状態であると考えられます。

二、「迷いから悟りへ」という構造

仏教は「迷いから悟りへ」という構造をもっています。それは、苦しみから楽しみへという構造であるともいえます。つまり、悟りこそが本当の楽しみだと説くのが仏教です。私は悟ったことがありませんのでさっぱりわかりませんが、すべてのとらわれから解放されたあり方というのは、ものすごく楽しいそうです。すべてのとらわれから解放された、本当に自由な心の状態ですね。鳥が空を飛んでいるのを見て「楽しそうだな」と思ったことはありませんか。私は時々思います。なぜ人間は鳥を見て「楽しそうだな」と思うのか。考えてみますと、それは私たちが地面に縛り付けられているからでしょう。やはり、束縛から解放されるというのは楽しいです。そういう意味では、我々がとらわれから解放されるというのは、非常に楽しいことといえます。しかし、仏道《ぶつどう》には「とらわれから離れる」という楽しみにとらわれてしまって、そこから先に進めなくなる危険もあると説かれています。そのとらわれをも突き抜けて、最終的に悟りを開かれた方が仏です。悟りに至って、本当の意味であらゆる束縛から解放されたといえるでしょう。

結局、迷いとは、物事を正しく見ていないからさまざまなものにとらわれているという苦しみのあり方であり、悟りとは、そのとらわれから解放された楽しみというあり方です。よって、仏教の迷いから悟りへという構造は、実は苦しみから楽しみへという構造であるということができるのです。たとえば、『観《かん》経《ぎょう》』（『仏説観無量寿経《ぶっせつかんむりょうじゅきょう》』）に、

仏《ぶつ》、阿難《あなん》および韋提希《いだいけ》に告《つ》げたまはく、「あきらかに聴《き》け、あきらかに聴《き》け、よくこれを思念《しねん》せよ。仏《ぶつ》、まさになんぢがために苦悩《くのう》を除《のぞ》く法《ほう》を分別《ふんべつ》し解説《げせつ》すべし。なんぢら憶持《おくじ》して、広《ひろ》く大衆《だいしゅ》のために分別《ふんべつ》し解説《げせつ》すべし」

（『註釈版』九七頁、『聖典』九四～九五頁）

とあります。ここで「苦悩を除く法」といわれるように、悟りへの道とは、悩みや苦しみが除かれていく道筋だと考えられます。また、『大経《だいきょう》』には、世自在王仏《せじざいおうぶつ》に対して、後の阿弥陀仏《あみだぶつ》である法蔵菩薩《ほうぞうぼさつ》が、

願《ねが》はくは、われ仏《ぶつ》とならんに、聖法王《しょうほうおう》に斉《ひと》しく、生死《しょうじ》を過度《かど》して、解脱《げだつ》せざることなからしめん。

（『註釈版』一二頁、『聖典』一一頁）

と語る箇所があります。これは「讃仏偈《さんぶつげ》」の「願我作仏　斉聖法王　過度生死　靡不解脱」（『聖典全書』一・一二頁）とある一文です。「生死を過度して、解脱せざることなからしめん」とは「迷いを過ぎてかならず解脱へとわたらせるのだ」という意味です。また、この文は先ほどの「生死出づべき道」の「生死」という言葉が「迷い」を示しているという論拠の一つでもあります。

あるいは、これも法蔵菩薩の言葉ですが「われをして世《よ》においてすみやかに正覚《しょうがく》を成《な》りて、もろもろの生死勤苦《しょうじごんく》の本《もと》を抜《ぬ》かしめたまへ」（『註釈版』一四頁、『聖典』一三頁）とあり、「生死という苦しみのもとを除かせてください」という意味の言葉が出てきます。迷いは苦しみであり、その迷いという苦しみをいかに解決していくのかが仏教であるということが、ここからもわかってくるのです。

悟りを目指すという点からいいますと、親鸞の『教行信証《きょうぎょうしんしょう》』「証文類《しょうもんるい》」に、

つつしんで真実《しんじつ》の証《しょう》を顕《あらわ》さば、すなはちこれ利他円満《りたえんまん》の妙位《みょうい》、無上涅槃《むじょうねはん》の極果《ごくか》なり。

（『註釈版』三〇七頁、『聖典』二八〇頁）

と述べられています。「無上涅槃」とは、「無上」はこれ以上はないということ、「涅槃」は悟りのことですから、最高の悟りという意味になります。「涅槃」は仏教の中でさまざまに使われています。上座部《じょうざぶ》仏教でも当然「涅槃」は説かれます。ただ、上座部仏教での「涅槃」は、仏に成るのではなく阿羅漢《あらかん》になることを指します。一口に「涅槃」といっても、すごく素晴らしい涅槃もあれば、そこまではない涅槃もあるというわけです。そこまではないといっても、我々からすれば、とてつもない涅槃であるわけですが。この「証文類」の文では、浄土真宗において目指すべきは、仏の悟りであるということが示されています。

有名な『歎異抄《たんにしょう》』の中に「本願《ほんがん》を信《しん》じ念仏《ねんぶつ》を申《もう》さば仏《ぶつ》に成《な》る」（『註釈版』八三九頁、『聖典』六三一頁）とあります。この言葉からみても、やはり仏に成ることが浄土真宗の目指すところであることがわかります。ある意味で迷いというあり方から悟りというあり方を目指すのは、すべての仏教に共通することだといえます。たとえば、日本の仏教だけを考えても、奈良時代から始まる仏教は、三論宗《さんろんしゅう》・成実宗《じょうじつしゅう》・法相宗《ほっそうしゅう》・倶舎宗《くしゃしゅう》・華厳宗《けごんしゅう》・律宗《りっしゅう》という六つの宗派があります。それから平安時代の初めから始まる天台宗《てんだいしゅう》・真言宗《しんごんしゅう》。そして、いわゆる鎌倉新仏教といわれた浄土宗や禅宗《ぜんしゅう》、日蓮宗《にちれんしゅう》等があります。浄土真宗は、一応仏教全体の分類からいうと浄土宗に含まれます。同様に、禅宗もさまざまに分かれています。臨済禅《りんざいぜん》・曹洞《そうとう》

禅《ぜん》・黄檗禅《おうばくぜん》などですね。非常に大きく分けて、このような分類になります。仏教と一口にいいましても、大きく分けたとしても、これだけバラエティに富んでいるのです。しかも、それぞれに説くところをみると、場合によっては全然違う教えではないかと思われるような箇所もあります。しかしながら、教えの内容が全然違うのに、全部「仏教」と一括りにすることができるわけです。なぜかというと、日本に限らず「仏教」と名付けられるものはすべて、迷いから悟りへという共通の構造を持っているからです。つまり「今の私のあり方は迷いというあり方である」という点では、どの宗派もみな同じです。そして、「目指すべきは悟りというあり方である」という点もみな同じなのです。

三、宗派の違い——悟りへのさまざまな道——

では宗派の違いはどこにあるかというと、どのようにして迷いから悟りへ行くのかという点においてです。昔から迷いから悟りに至る道は、山の麓《ふもと》から頂上へ至る道に喩えられます。山の麓が「迷い」、山の頂上が「悟り」に喩えられるのですが、麓から頂上への道は一本しかないわけではありません。さまざまな道があり、その中から「私はこの道を選びとっていく、なぜならば、この道が一番いい道だと私は思うからだ」という人が出てきます。それを聞いて「おお、そうだそうだ、確かにその通りだ」と、その人の周りに人が集まってきて、その道が次の時代、またその次の時代の人まで伝えられていく。それと同じようにできあがっていったのが仏教の宗派だと考えれば非常にわかりやすいですね。当然のことながら、その道というのは経典の中に示されています。

世界三大宗教といわれているのが、仏教・キリスト教・イスラム教です。ところが、仏教はキリスト教やイスラム教に比べて教えの多様性があります。なぜかというと、仏教には拠り所としている経典が山のようにあるからです。キリスト教には『聖書《せいしょ》』しかありませんね。『旧約聖書《きゅうやくせいしょ》』と『新約聖書《しんやくせいしょ》』です。もちろんキリスト教の歴史の中には、それ以外のものがあると主張した一派もありましたが、今では全部異端と退けられています。それから、イスラム教には『コーラン』しかありません。基本的にはそれ以外の聖典というものはないのです。ですので、キリスト教もイスラム教も、それぞれさまざまな派に分かれていますが、その発端は、キリスト教では『聖書』、イスラム教では『コーラン』に対する理解の相違にあります。

ところが、仏教においては、浄土真宗は「浄土《じょうど》三《さん》部経《ぶきょう》」、天台宗は『法《ほ》華経《けきょう》』というように、拠り所とする経典が異なっています。拠り所とする経典自体が違いますから、教えの内容も違ってくるというのは当然のことなのです。そのように違っていても、迷いから悟りへという構図は全部一致しています。インドの仏教でも、中国の仏教でも、日本の仏教でもです。あるいは、現在のアメリカや、南米、ヨーロッパにおける仏教においても、迷いから悟りへという構図をもっているはずです。この構図を壊してしまうと仏教ではなくなるともいえます。その意味からいうと、親鸞の求めていた「生死出づべき道」、すなわち迷いから悟りへの道というのは、正しく仏教の本義というべき、一番の基本構造に基づいたものであると考えられます。

四、悪凡夫が仏に成る

浄土真宗の歴史には、蓮如《れんにょ》という方が出てきます。この方も浄土真宗という仏道の最終的に目指すべきところは仏に成ることだとしばしばいわれています。蓮如の言行録『蓮如上人御一代記聞書《ごいちだいききがき》』には、こういう言葉が紹介されています。

蓮如上人《れんにょしょうにん》仰《おお》せられ候《そうろ》ふ。堺《さかい》の日向屋《ひゅうがや》は三十万貫《さんじゅうまんがん》を持《も》ちたれども、死《し》にたるが仏《ぶつ》には成《な》り候《そうろ》ふまじ。

大和《やまと》の了妙《りょうみょう》は帷《かたびら》一《ひと》つをも着《き》かね候《そうら》へども、このたび仏《ぶつ》に成《な》るべきよと、仰《おお》せられ候《そうろ》ふよしに候《そうろ》ふ。

（『註釈版』一二五四頁、『聖典』八六八頁）

この「堺の日向屋」というのは「三十万貫」を持っています。これは今の金額に直すとどれくらいになるのかは計算してみないとわかりませんが、とりあえず大金持ち、大富豪です。この「堺の日向屋」は大金を持っているけれども、死んでも仏に成ることはできないといわれています。それに対して「大和の了妙」は、「帷」という薄い着物も着ることができないほど貧しい人だけれども、死んだら仏に成るだろうよといっています。つまり、あくまで仏に成れるのか、成れないのか、これが仏教の価値基準だというのです。その次に、

天王寺《てんのうじ》土塔会《つちとうえ》、前々住上人《ぜんぜんじゅうしょうにん》（蓮如）御覧《ごらん》候《そうら》ひて仰《おお》せられ候《そうろ》ふ。あれほどのおほき人《ひと》ども地獄《じごく》へおつべしと、不便《ふびん》に思《おぼ》し召《め》し候《そうろ》ふよし仰《おお》せられ候《そうろ》ふ。またそのなかに御門徒《ごもんと》の人《ひと》は仏《ぶつ》に成《な》るべしと仰《おお》せら

れ候《そうろ》ふ。これまたありがたき仰《おお》せにて候《そうろ》ふ。

（『註釈版』一二六九頁、『聖典』八七七頁）

とあります。「天王寺」、大阪の天王寺で「土塔会」という行事が行われている時に、参詣《さんけい》する多くの人たちをみて、蓮如が「あれだけたくさんの人がみな地獄へ堕ちるのだな、なんとかわいそうなことだ」といい、その中で「御門徒の人」、つまり親鸞の教えの御門徒、浄土真宗の教えを受けている人たちは仏に成るのだといったといいます。これは阿弥陀仏の本願によって浄土に生まれて、そこで悟りを開くという道しかないことがあらわされているのです。少なくとも一般の人たちは厳しい修行もしていないのですから、当然悟りを開くことはできません。しかし、本願を信じ念仏を称える人は仏に成ることができるといいます。ここでも、やはり問題とされているのは、仏に成れるのか、成れないのかということです。

次の話はなかなかおもしろい話ですが、同じく『蓮如上人御一代記聞書』に出てまいります。

法敬坊《ほうきょうぼう》、蓮如上人《れんにょしょうにん》へ申《もう》され候《そうろ》ふ。あそばされ候《そうろ》ふ御名号《おみょうごう》焼《や》けまうし候《そうろ》ふが、六体《ろくたい》の仏《ぶつ》になりまうし候《そうろ》ふ。不思議《ふしぎ》なることと申《もう》され候《そうら》へば、前々住上人《ぜんぜんじゅうしょうにん》（蓮如）そのとき仰《おお》せられ候《そうろ》ふ。それは不思《ふし》議《ぎ》にてもなきなり。仏《ぶつ》の仏《ぶつ》に御成《おんな》り候《そうろ》ふは不思議《ふしぎ》にてもなく候《そうろ》ふ。悪凡夫《あくぼんぶ》の弥陀《みだ》をたのむ一念《いちねん》にて仏《ぶつ》に成《な》るこそ不思議《ふしぎ》よと仰《おお》せられ候《そうろ》ふなり。

（『註釈版』一二五六頁、『聖典』八六九～八七〇頁）

「法敬坊」という弟子が蓮如に書いてもらった「南無阿弥陀仏」の六字名号が焼けてしまったそうです。ところがその時、「南無阿弥陀仏」の一字一字がそれぞれ仏になり、合わせて六体の仏になったというのです。この話を法敬坊が蓮如に伝え、「本当に不思議なことですねえ」と言いました。よくある話ならここで「やはり蓮如上人は普通の人とは違う、蓮如上人が書かれたお名号だから焼けて仏になったのだ」と、法敬坊が蓮如を讃える流れに展開していくところです。しかしそうではなく、蓮如は法敬坊に「それは不思議なことでも何でもない。なぜなら、名号は仏そのものである。だから、仏が仏に成るのになんの不思議があるのか」と答えるのです。名号というのは誰が書いても値打ちがあります。浄土真宗の教えからいいますと、名号それ自体に値打ちがあるのですから。「蓮如の書いたものだから有り難い」ということはありません。蓮如が書こうが私が書こうが名号は名号として、まさに仏そのものですから、当然そこに値打ちの違いはないのです。その点からいえば、蓮如は自分が書いた名号だけが尊いわけではなく、「南無阿弥陀仏」というのは仏そのものであり、仏が仏に成るというのは別に何の不思議もないことだといっているのです。そして「不思議」については「悪凡夫の弥陀をたのむ一念にて仏に成るこそ不思議よ」と、蓮如は教えたわけです。常識的に、紙に書いた文字が焼けて仏に成るというのは不思議です。もし、そんなことが現実に起こったら「何かタネか仕掛けがあるんだろう」と思ってしまいます。実際そういうマジックがありますよね。私もかつてマジックを見せるお店に連れて行ってもらって目の前で見たことがあります。タネや仕掛けがあるに決まっているのですが、まったくわかりませんでした。本当に不思議ですよね。法敬坊が伝えた話も、確かに紙に書いた南無阿弥陀仏の名号が焼けて仏に成るのは不思議なことです。ただ大切なことは、それを不思議と感じるのは、見物人としての感覚だということです。見物人であるということは、自分は当事者ではないということです。「不思議なことが起こっているなあ」と横から見ているだけです。ところが、ここでは「悪凡夫の弥陀をたのむ一念にて仏に成る」といわれています。「悪凡夫」とは、私のことなのです。私という悪凡夫が仏に成る、この場合には私は見物人ではなくて、この不思議な出来事の当事者です。つまり、どこを探してみても仏に成れそうなものを何一つ持っていない、なおかつ、その仏に成るのに役立つことが何一つできない私が、仏に成る。これこそ不思議なことよと蓮如は述べたのです。

五、「私が」仏に成っていく道

仏教とは、他でもない「私が」仏に成っていく道です。誰かが仏に成っていく教えではありません。ですから、同じ教えを聞いて、誰かが仏に成っていく教えとして聞くのと、私が仏に成っていく教えとして聞くのとでは、当然聞き方が変わってきます。たとえばこういう話が伝わっています。

あるところに自分の持っている田畑や山をすごく自慢する人がいました。「私は田んぼをこれだけ持っている、そこの田んぼからこれだけ米がとれる」だとか「山もたくさんあり、あの山には檜がこれだけ植えてあって、全部売ったらこれだけの大金になる」ということを、会う人ごとに繰り返し自慢したそうです。その人が、ある時近所の人を訪ねて、一緒にお茶を飲みました。その時も、やはり同じような話を始めるわけです。その家の人は彼の自慢話を「フンフン、そうかそうか」と軽く聞き流していました。ところがだんだんと話が変わってきて「どうも見てると、お前の息子とうちの娘がいい仲のようだ。こっそりと付き合っているらしい。あまりコソコソとしているのはよくないから、結婚させてはどうだろうか」といってきたのです。そして「本当に結婚することになったら、あそこの山とあそこの田んぼを持参金がわりにお前にあげるから」と、こういう話になりました。そうなった途端に「フンフン」と聞き流していた家の人の顔も真剣になり「ちょっと待って、もう一回いってくれ。どこの山とどこの田んぼをくれるんだ。そこの山はどれくらい檜が生えていて、そこの田んぼはどれくらい米ができるんだ」と聞き返したそうです。つまり、それまでは人の財産の話ですから全然関心はありませんでしたが、それがもらえるとなるとすごく関心が高まったということですね。

親鸞の求めていた「生死出づべき道」とは、他の誰かが生死を出る道ではなく、自分自身が生死を出ることのできる道だということです。そもそも、比叡山《ひえいざん》はまさに「生死出づべき道」を歩むための場所ですから、さまざまな「生死出づべき道」が提供されています。親鸞も九歳から比叡山に登って、迷いから悟りに至る「私が」仏に成っていく道をひたすら求めていたのです。

六、比叡山での宗教体験

ちなみに、日本の仏教、いわゆる奈良時代の三論・成実・法相・倶舎・華厳・律という六つの宗派、それから平安時代の天台・真言、これらの宗派はさまざまな行を提示しています。ところが、鎌倉新仏教といわれる仏教は、行が一つだという特徴があります。専一性《せんいっせい》という言い方がされますが、まさに法然の浄土宗は念仏一つです。当然親鸞も念仏一つと受け継いでいきますが、念仏一つとは信心《しんじん》一つという意味だといいます。また、禅宗の中でも道元《どうげん》は「ひたすら座れ、とにかく座れ」といいます。「座ったらどうなるんですか?」「いらんこと考えるな、座れ」と、座れ、座れ、とにかく座れと、座ること一つ、それが道元の禅宗です。そして、日蓮は「南無妙法蓮華経《なむみょうほうれんげきょう》」という経の題目《だいもく》一つ、この題目を唱えて他には何もいらないといいます。それ以前の奈良・平安の仏教は何か一つの行に限らず、さまざまな行が提示されてくるのです。これは親鸞のいた比叡山も同じです。さまざまな行があって、自分で選ぶというよりも「お前はこの行をやれ」と、その人の適性を考えて師匠が行を選びます。これは仏教の一つの伝統です。

釈尊も弟子に対して「お前はこの行をしなさい」ということがあります。「パンタカ物語」という有名な話があります。周利槃陀伽《しゅりはんだが》(チューダパンタカ)という、すぐもの忘れをする弟子がいました。この人は、お経を覚えさせようとしても、覚えたそばから忘れてしまいます。なので釈尊はその人に箒を与えて「とにかく掃除をしなさい」と勧めたのです。掃除をしながら「垢をさって塵を除く」といいながら掃除をしなさいと、それだけ教えました。すると、周利槃陀伽は掃除をしているうちに「ああ、垢とか塵というのは心の垢、心の塵という意味だったのだ」ということがわかってきたという話が伝わっています。

この時は仏である釈尊がその人に最適な行を教えたわけです。釈尊がおられた時代には釈尊がその人にもっとも適切な行を選び与えました。しかしたとえば親鸞の場合、比叡山では一応師匠が弟子の行を選びますが、仏ではありませんので本当にそれが適切かどうかというのは、よくわかりません。弟子にしてみれば「別の行がよかったかな」ということも起こっただろうと思います。さまざまな行が用意されていましたが、親鸞が比叡山を下りたということは、その行では生死を出ることができないと思ったからです。その行で生死を出ることができるのなら、山を下りる必要はまったくありません。先ほど、迷いから悟りへの道を山の麓から頂上へ至る道のようなものだとする喩えを紹介しましたが、その喩えからすると、迷いから悟りへ至る道がいろいろある中で、どの道を選ぶのかという話であるわけです。ただし「道がある」ということと、「私がその道を通って頂上へ行ける」というのは別の話です。道があるからといって、その道で私が頂上まで辿り着けるとは限りません。頂上への一番の近道は、麓から真っ直ぐに垂直の岩壁の岩角を手がかり足がかりにして登っていく道です。それこそ切り立った断崖絶壁ですね。距離的に一番の近道だといえるでしょう。しかし、誰もがその道を通って頂上へ行けるわけではありません。やはり、できる人とできない人とがいます。そうすると、麓から頂上への道としては確かにあります。道がないとは誰もいいません。ただ、私が登ることができなければ、その道は私にとってないのと同じなのです。つまり、親鸞にとって比叡山で歩んできた仏道は、自身が迷いというあり方から抜け出すことができる道ではなかったということです。これも一つの宗教体験です。

親鸞は「比叡山で行われている行では、私は決して生死を抜け出すことができない」という宗教体験をしたのです。それを踏まえて法然のもとに赴き、本願の道に出遇っていきます。このような親鸞の宗教体験を核にして浄土真宗の教義はできあがっているのだと、こう考えていただいたらよいかと思います。

第三章

「仏から私へ」という世界

前は、親鸞《しんらん》は一体何を求めていたのかということを『恵信尼消息《えしんにしょうそく》』によって見ていったわけです。恵信尼の手紙によりますと、少なくとも親鸞が比叡山《ひえいざん》を下りて、法然《ほうねん》のもとへ赴いた時にひたすら求めていたのは「生死《しょうじ》出《い》づべき道《みち》」（『註釈版』八一一頁、『聖典』六一六頁）であったと記されています。

「生死」というのは、「迷い」という意味です。迷いを出て悟りへ向かうというのは、仏教の基本的な形です。浄土真宗に限らず、天台宗《てんだいしゅう》・華厳宗《けごんしゅう》・真言宗《しんごんしゅう》・禅宗《ぜんしゅう》・日蓮宗《にちれんしゅう》と、どの宗であろうがみな同じです。逆に、こういう構造をもっていないものは仏教ではないということができます。

ですから親鸞は、比叡山におきましては、ひたすら「生死出づべき道」を求めていた、そして「生死出づべき道」を求めて法然のもとへ赴いた、と考えることができます。では親鸞がそこで得たものは何だったのかといいますと、たとえば『歎異抄《たんにしょう》』の記述を見てみたいと思います。

ここで少し申しておきたいのですが、『歎異抄』を根拠にして親鸞についていうのは実は少し問題があります。なぜかというと、『歎異抄』は親鸞が書いたものではないからです。現在の通説ですと、『歎異抄』は弟子である河和田《かわわだ》の唯円《ゆいえん》という人の手になったものであろうと考えられております。つまり『歎異抄』は河和田の唯円が若い頃に聞いた親鸞の言葉を書き残したという成り立ちで理解されていると思います。当然のことですが、聞いた話というのは大体自分なりに聞くんですね。言い方を換えますと、自分の聞きたいように聞くというところがあります。本当に親鸞がその通りにいったのかという保証はありません。『歎異抄』の内容自体も、親鸞が自ら記した著作『教行信証《きょうぎょうしんしょう》』であるとか、あるいはその他の和語聖教《しょうぎょう》などに照らしてこそ、初めてこれは親鸞の教えだということが確認できるのだといっておきます。

ただ『歎異抄』は非常にまとまりよくできていますので、親鸞の得たものは一応こういう言葉でまとめることができるということで『歎異抄』の言葉を紹介しておきます。それによりますと、

親鸞《しんらん》におきては、ただ念仏《ねんぶつ》して、弥陀《みだ》にたすけられまゐらすべしと、よきひと（法然）の仰《おお》せをかぶりて、信《しん》ずるほかに別《べつ》の子細《しさい》なきなり。（『註釈版』八三二頁、『聖典』六二七頁）

と示されています。ここで問題になってくるのが、「ただ念仏して」とはどういう意味なのかということ、「弥陀にたすけられまゐらすべし」とは一体どういう事態を指しているのかということです。今はとりあえずまとめてみますと、「念仏して弥陀に助けられると信じる」ということがここに示されているわけです。これは親鸞の「どうすれば迷いや生死を抜け出すことができるのか」という問いに対する答えであったと考えられます。

一、雑行を棄てて本願に帰す

もう少し内容を考えますと、まず「捨聖帰浄《しゃしょうきじょう》」という言い方が昔からありますが、聖道門《しょうどうもん》を捨てて浄《じょう》土門《どもん》に帰するということです。建仁《けんにん》元（一二〇一）年、二十九歳の時ですけれども、『教行信証』の「化身《けしん》土文類《どもんるい》」の一番最後の箇所、「後序《ごじょ》」に「しかるに愚禿釈《ぐとくしゃく》の鸞《らん》、建仁辛酉《けんにんかのとのとり》の暦《れき》、雑行《ぞうぎょう》を棄《す》てて本願《ほんがん》に帰《き》す」（『註釈版』四七二頁、『聖典』三九九頁）とあります。この「雑行」は、基本的には聖道門をあらわしています。聖道門、浄土門については後に話をいたしますが、これは親鸞がひたすら修行に励んでいた比叡山、つまり天台宗に代表される仏道《ぶつどう》が聖道門という言葉で表現されているわけです。その聖道門を捨てて浄土門に帰依《きえ》したことを表現する言葉だと従来考えられてきています。

ただ親鸞の宗教体験は必ずしも「聖道門を捨てて浄土門に帰した」という単純なものではありません。後にお話しする、三願転入《さんがんてんにゅう》という問題がそこに生まれてきます。また親鸞の得た答えは、既に紹介した『恵信尼消息』には、次のように出ています。

> 上人《しょうにん》のわたらせたまはんところには、人《ひと》はいかにも申《もう》せ、たとひ悪道《あくどう》にわたらせたまふべしと申《もう》すとも、世々生々《せせしょうじょう》にも迷《まよ》ひければこそありけめ、とまで思《おも》ひまゐらする身《み》なれば
>
> （『註釈版』八一一～八一二頁、『聖典』六一七頁）

『歎異抄』には、

たとひ法然聖人《ほうねんしょうにん》にすかされまゐらせて、念仏《ねんぶつ》して地獄《じごく》におちたりとも、さらに後悔《こうかい》すべからず候《そうろ》ふ。

（『註釈版』八三二頁、『聖典』六二七頁）

と、「たとえ法然聖人にだまされて地獄におちても、決して後悔しない」という言葉が出てきますが、『恵信尼消息』の言葉は、この『歎異抄』の言葉と通じる内容だと考えられます。

結局、法然との出遇いが一つの契機となったのです。その法然との出遇いが建仁元年だったことは明確なわけですから、先ほどの「雑行を棄てて本願に帰す」の内容は、具体的にいいますと、法然の行くところだったらたとえ地獄でもついて行くという、ある意味で絶対的な信頼感をもつことのできる法然と出遇ったということが第一点です。

三願転入

親鸞が自分自身の過去や宗教的な体験を語っているところは実は非常に珍しいのですが、もう一点『教行信証』の「化身土文類」に出てくる「三願転入」といわれる重要な文章があります。そこには次のように示されています。

ここをもつて愚禿釈《ぐとくしゃく》の鸞《らん》、論主《ろんじゅ》の解義《げぎ》を仰《あお》ぎ、宗師《しゅうし》の勧化《かんけ》によりて、久《ひさ》しく万行諸善《まんぎょうしょぜん》の仮門《けもん》を出《い》でて、永《なが》く双樹林下《そうじゅりんげ》の往生《おうじょう》を離《はな》る。善本徳本《ぜんぽんとくほん》の真門《しんもん》に回入《えにゅう》して、ひとへに難思往生《なんじおうじょう》の心《しん》を発《おこ》しき。しかるにいまことに方便《ほうべん》の真門《しんもん》を出《い》でて、選択《せんじゃく》の願海《がんかい》に転入《てんにゅう》せり。すみやかに難思往生《なんじおうじょう》の心《しん》を離《はな》れて、難思議往生《なんじぎおうじょう》を遂《と》げんと欲《ほっ》す。果遂《かすい》の誓《ちかい》（第二十願）、まことに由《ゆえ》あるかな。

（『註釈版』四一三頁、『聖典』三五六頁）

この三願転入を理解する前提として、生因三願《しょういんさんがん》といわれる三つの願があります。「生因」の「生」は生まれる、つまり生因とは阿弥陀仏《あみだぶつ》の浄土に生まれる因ということになります。阿弥陀仏の浄土にどうすれば生まれることができるのかを示している願が三つあるといわれています。これは当然、親鸞のいっていることに基づいているわけです。親鸞によると、阿弥陀仏の浄土に生まれていく筋道が示されている願が『大経《だいきょう》』の四十八願に三つあります。

（一八）たとひわれ仏《ぶつ》を得《え》たらんに、十方《じっぽう》の衆生《しゅじょう》、至心信楽《ししんしんぎょう》してわが国《くに》に生《しょう》ぜんと欲《おも》ひて、乃至十《ないしじゅう》念《ねん》せん。もし生《しょう》ぜずは、正覚《しょうがく》を取《と》らじ。ただ五逆《ごぎゃく》と誹謗正法《ひほうしょうぼう》とをば除《のぞ》く。

（一九）たとひわれ仏《ぶつ》を得《え》たらんに、十方《じっぽう》の衆生《しゅじょう》、菩提心《ぼだいしん》を発《おこ》し、もろもろの功徳《くどく》を修《しゅ》して、至心発《ししんほつ》願《がん》してわが国《くに》に生《しょう》ぜんと欲《ほっ》せん。寿終《いのちおわ》る時《とき》に臨《のぞ》んで、たとひ大衆《だいしゅ》と囲繞《いにょう》してその人《ひと》の前《まえ》に現《げん》ぜずは、正覚《しょうがく》を取《と》らじ。

（二〇）たとひわれ仏《ぶつ》を得《え》たらんに、十方《じっぽう》の衆生《しゅじょう》、わが名号《みょうごう》を聞《き》きて、念《ねん》をわが国《くに》に係《か》け、もろもろの徳本《とくほん》を植《う》ゑて、至心回向《ししんえこう》してわが国《くに》に生《しょう》ぜんと欲《ほっ》せん。果遂《かすい》せずは、正覚《しょうがく》を取《と》らじ。

（『註釈版』一八頁、『聖典』一八頁）

これが第十八願《だいじゅうはちがん》、第十九願《だいじゅうくがん》、第《だい》二十願《にじゅうがん》です。

浄土に生まれる三つの願――十方衆生のこころ――

なぜ親鸞がこの第十八願、第十九願、第二十願を、阿弥陀仏の浄土に生まれていく筋道が示されている願と見たのか。親鸞がはっきりといっているわけではないですが、他の願にはなくてこの三つの願に共通していることが、そのように判断できる根拠となっています。それは、「十方の衆生」という言葉です。「たとひわれ仏《ぶつ》を得《え》たらんに、十方《じっぽう》の衆生《しゅじょう》」（『註釈版』一八頁、『聖典』一八頁）という共通した言葉があります。

ところでこれは仏教の基本知識ですが、「衆生」という言葉はさまざまな言い方がされます。生きとし生ける命あるものすべてを意味する「サットヴァ」という言語を当初「衆生」と訳していた。しかし『西《さい》遊記《ゆうき》』の三蔵法師《さんぞうほうし》のモデルで有名な玄奘《げんじょう》三蔵は、中国では、「衆生」と訳されていた言葉を「有情《うじょう》」と訳しています。ちなみに親鸞はどうも晩年になっていきますと、「衆生」よりこの「有情」という言葉の方を好んだようです。若い時の書物で「衆生」といっていた所が、晩年になってくると「有情」という言葉で表現されているということがあったりします。「有情」という言葉はこの漢字の意味から考えますと「情の有るもの」ですね。「衆生」なら、「命あるもの」という意味を持ちます。「命あるもの」でしたら、当然人間だけとは限りません。すべての命あるものはみな「衆生」だということになります。しかしながら「有情」と訳した時には、単に「命あるもの」というだけではなくて、「情」つまり「心の有るもの」という意味になります。

たとえば現在で考えてみますと、もちろん植物にも命はあります。ですが、心があるのかどうかということになりますと、実際に心があるかどうかを調べることはおそらく不可能だと思います。インドでは植物には心がないと見て、植物は「非情《ひじょう》」だと表現されます。有情は、動物に限られるというインドの見方です。このように、インドの言語を中国語に翻訳する際の考え方も、いろいろと変わっていくんですね。

十方衆生と私

生因三願の「十方衆生」に話を戻しますが、「十方」という言葉は東・西・南・北で四方。それに東南、西南、東北、西北を付け加えて八方、「四方八方」という言葉がありますよね。それに上下を付け加えて十方になります。つまり十方とは、三次元的にあらゆる方向ということになるわけです。四方八方は、二次元的にあらゆる方向ということになりますが、十方には、上も下も、斜め上も斜め下も全部入ってきます。平面的な意味ではなくて立体的な意味で、あらゆる方向にいる生きとし生けるもの、あるいは心あるものすべてが十方衆生です。

大事なことは何かというと、私がその中に入っているということです。私は「十方衆生」の中の一人であるということが実は非常に大事なんです。四十八願《しじゅうはちがん》は「たとひわれ仏を得たらんに」という言葉から始まっていて、それに続く言葉に、その願は何を対象として願われたのかが大体示されているわけです。たとえば「国中《こくちゅう》の人天《にんでん》」とある場合、阿弥陀仏の国の中の存在のことですから「とりあえず私は違うだろう」ということになります。あるいは「他方国土《たほうこくど》の諸《もろもろ》の菩薩衆《ぼさつしゅ》」とある場合には、「他方国土という部分は合ってるかもしれないけれども、私はどうも菩薩じゃなさそうだ」となります。そういう意味でいいますと、「十方衆生」とある場合には、私はまさにこの願の対象だということになるわけですね。後に述べますが、親鸞は第十八願について、阿弥陀仏が私一人のために建てられた願いだと受け止める場面があります。

前もいいましたように、仏道は私が仏に成っていく道であって、他の者が仏に成っていく道として受け止めるべきではないわけです。そういう意味からいいますと、「私を対象として願われた願い」ということが非常に大事なのです。

そして生因三願に共通していることとして、さらに「至心《ししん》」という言葉と、「欲生我国《よくしょうがこく》」という言葉があります。この「欲生我国」の読み方は、『註釈版』では第十八願と第十九願・第二十願で少し変えてあります。第十八願ですと「至心信楽《ししんしんぎょう》してわが国《くに》に生《しょう》ぜんと欲《おも》ひて」とありますが、第十九願・第二十願ですと「わが国《くに》に生《しょう》ぜんと欲《ほっ》せん」（『註釈版』一八頁、『聖典』一八頁）という訓読に変えてあります。でも漢文ではみな同じく「欲生我国」です。第十八願と、第十九願・第二十願とは意味合いが違うから少し読み方を変えておこうというだけの話であって、普通に素直に読むならば三つとも同じ言葉です。現代語でいうならば、「私の国に生まれようと思う」ということです。

ですから「十方の衆生」（あらゆる方向にいる心あるものすべて）という言葉と、「至心」と「欲生我国」（心から私の国に生まれようと思うもの）という言葉が共通してこの三願だけに出てくるので、この三願には阿弥陀仏の浄土に生まれるための筋道が示されているのだと理解できます。これは非常に素直な読み方だといえます。

第十九願と第二十願の法門

ただし、三つそれぞれの願いは、阿弥陀仏の浄土にどういう筋道で生まれていくのかという内容が違います。

結論だけをいうならば、第十九願の法門で阿弥陀仏の浄土に生まれていく筋道は「自力諸行《じりきしょぎょう》」です。つまり私たちがさまざまな修行をして、さまざまな善を積み重ねることによって浄土に生まれていくという筋道が示されています。そして、この善は仏教における善から世間における善まで全部を含みます。

一方、第二十願の法門では、行は念仏一つなのですね。ただし南無阿弥陀仏と称える私の行為自体に値打ちがあると、ここでは見るわけです。これがいわゆる「自力念仏」です。私の行為に値打ちがあるということは、その値打ちは私に属することになるわけです。親鸞は第二十願について、「本願《ほんがん》の嘉号《かごう》をもっておのれが善根《ぜんごん》とす」(『註釈版』四一二頁、『聖典』三五六頁)といっています。そもそも念仏というのは、あくまでも阿弥陀仏のはたらきであるところに値打ちがあるのにもかかわらず、自分の行いにこそ値打ちがあると間違って受け止めてしまっている、それが第二十願の仏道だということができます。

第十八願への転入

親鸞は第十九願の自力諸行によって生まれていくことを「双樹林下往生《そうじゅりんげ》」と表現し、第二十願の自力念仏によって生まれていくことを「難思往生《なんじ》」と表現します。そして第十八願、他力念仏によって生まれていく往生を「難思議往生《なんじぎ》」と表現します。ここに出てくるのは真宗学の基本用語ですから、その言葉の意味というものは知っておいた方がいいと思います。

つまり三願転入というのは、自力諸行往生から自力念仏往生に入って、その自力念仏往生から他力念仏往生に移ったという経緯をあらわしていると考えることができるわけです。これはまた自力往生から他力往生への転換だということもできます。

もう一つ重要なことをいいますと、自力往生というのは衆生が仏へ向かっていきます。あくまでも私が仏に向かって近付いていくのです。それに対して他力往生とは、仏から衆生へという方向性で考えることができます。今後の説明で出てきますが、たとえば「願」ということを扱う時でも、自力往生の場合には私が仏に願うという構造になっています。他力往生の場合には仏が私を願うという構造になっています。私から仏へという自力の方向性なのか、それとも仏から私へという他力の方向性なのかで、宗教性の違いが生まれてくるわけです。そういう意味からいうと、親鸞の宗教体験というのはまさに自力から他力への転換であったということができます。そこには自力とは何か、他力とは何かという問題が出てくるわけですがそれは後に説明します。

第四章

聖道門と浄土門

前は、親鸞《しんらん》の宗教体験で「捨聖帰浄《しゃしょうきじょう》」という、聖道門《しょうどうもん》を捨てて浄土門《じょうどもん》に帰するということがあったことを説明しました。では、その聖道門と浄土門とは、そもそもどういうことなのかを話していきます。

『教行信証《きょうぎょうしんしょう》』の「化身土文類《けしんどもんるい》」に、

> おほよそ一代《いちだい》の教《きょう》について、この界《かい》のうちにして入聖得果《にっしょうとくか》するを聖道門《しょうどうもん》と名《な》づく、難行道《なんぎょうどう》といへり。……安養浄刹《あんにょうじょうせつ》にして入聖証果《にっしょうしょうか》するを浄土門《じょうどもん》と名《な》づく、易行道《いぎょうどう》といへり。
>
> （『註釈版』三九四頁、『聖典』三四一頁）

という文章が出てきます。「一代の教」とは、釈尊《しゃくそん》が生涯の間に説いた教えを指します。釈尊はさまざまな教えを説いたけれども、それをどのように分類するのかということです。聖道門と浄土門と最初にいったのは道綽《どうしゃく》です。仏教全体を大きく二つに聖道と浄土という教えに分けることができると道綽が示したことを親鸞は承けているわけです。「この界のうちにして入聖得果する」つまり「この世界で悟りを開く」、これを聖道門というと。それに対して「安養浄刹にして入聖証果する」、「安養浄刹」というのは阿弥陀仏《あみだぶつ》の浄土という意味です。「阿弥陀仏の浄土で悟りを開く」、これを浄土門というんだと親鸞は示しているわけです。

仏教の最終目標は悟りを開くことです。その筋道はさまざまあるけれども、大きく二つに分けると、一つにはこの世界で悟りを開く聖道門と、もう一つは阿弥陀仏の浄土に生まれて悟りを目指す浄土門と、この二つに分かれます。聖道門は「此土入聖《しどにっしょう》」、浄土門は「彼土得証《ひどとくしょう》」といいます。「此土」というのは「この世界」で、そこで「入聖」つまり「聖に入る」。単純にいいますと、「私たちが現に生きているこの世界で悟りを開く」ということです。それに対して「彼土得証」が浄土門です。「彼土」つまり「阿弥陀仏の浄土」に生まれて、そこで「得証」悟りを開くということが浄土門です。そして聖道門は歩むのが非常に難しい道であり、浄土門は非常に往き易い道です。行じ難い道と行じ易い道という意味で、難行道と易行道とも表現されます。

一、浄土門の性格——凡夫が仏となる道——

浄土門は現在ですと浄土教《じょうどきょう》という言い方になります。仏教の歴史から見て、阿弥陀仏の浄土に生まれてそこで悟りを開く浄土教という教えは一体どういう性格をもっているのかというと、まとめていうならば「無仏《むぶつ》の世における凡夫《ぼんぶ》の成仏道《じょうぶつどう》」ということになります。無仏の世というのは、仏のいない世界です。私たちの世界には、かつては釈尊という仏がいらっしゃいました。そして仏教の説くところによると、五十六億七千万年後にはこの世界に弥勒仏《みろくぶつ》という仏が出現する。しかし現在、釈尊は既にいないし、弥勒仏はまだ出てきていない。ということは今現在はこの世界に仏はいないということになります。その仏のいない世界にいる人々の中にも、能力や素質の優れた非常に高い境地にいる人々もいれば、能力も素質もあまりなく非常に低い境地に止まってしまっている人もいる。その中で浄土教というのは、仏のいない世界の、なおかつ仏道《ぶつどう》を歩む能力がほとんどない存在のために開かれてきた仏道だと考えることができるわけです。

たとえばある先生はこういうことをいっておられます。そもそも仏に成るためには仏と出遇わなければいけない。釈尊がいた時代は仏と出遇うのは簡単でした。釈尊のところへ行けばよかったんです。では仏がいなくなった時代にはどうすれば仏と出遇うことができるのかというと、一つは心の目で仏と出遇うという道が聖道門の中に説かれています。たとえば親鸞が比叡山《ひえいざん》で行った常行三昧《じょうぎょうざんまい》という行は完成すると本物の仏と出遇うことができるといわれています。現に本物の仏に出遇ったという体験をした人たちが比叡山には何人かいるわけです。そういう道が一方ではある。釈尊という仏はいなくなったけれども、三昧、禅定《ぜんじょう》といった修行によって本当の仏と出遇うことができる。しかし、これは相当能力や素質がある人でないとダメです。では、そういう能力も素質もないものは仏と出遇うためにはどうすればいいのかというと、仏のいないこの世界ではなく、仏がいる他の世界に行けばいい、という考えが出てきます。

二、浄土の開示

真理を発見した方々

そのようにして登場してきたのが、大乗《だいじょう》仏教中の「他方仏《たほうぶつ》」という思想です。そもそも仏というのはわかりやすい言葉でいうと真理を悟った存在、真理を知ったものです。真理というのは仏が知ろうが知るまいが、いつの時代どこの世界にも必ずきちんと存在している。そういう意味でいうと仏教でいう真理は釈尊が発明したものじゃなくて発見したものだといえるわけです。発見するということは元々あったものを見つけるわけです。発明というのは元々なかったものを新たに作り出すということです。仏教でいう真理は元々あったものですから発見です。それがあることをわからない人もいれば、わかる人もいるということです。

非常に身近なもので喩えていいますと、ニュートンが発見した万有引力の法則がありますね。ニュートンは木からリンゴが落ちるのを見てこの法則を発見したと伝えられています。リンゴが木から落ちるように見えるのは、地球とリンゴがお互いに引っぱり合っていて、リンゴの力が非常に弱いから地球の方へ引っぱられているということです。ニュートンはイギリス人ですから、リンゴが木から落ちるのをイギリスで見たということになるわけですが、リンゴが木から落ちるのはイギリスだけの現象かというとそうじゃないですよね。リンゴの木があるところではどこでも、リンゴの実は必ず木から落ちます。

それで何がいいたいかと申しますと、ニュートンが見た時に初めてリンゴが落ちたのかというとそんなことはないですね。誰も見ていなくてもずっと昔から落ちていたわけです。そういう意味でニュートンは引力の法則を発見したという言い方をします。別に発明したわけではなく、法則自体は昔からあった。ただそれを万有引力の法則と名付けたのがニュートンだということです。

それと同じように真理そのものは昔からあって今に至っています。あるいはどこにだってあります。ただそれを見つけたのが釈尊だとこういうふうに考えればいいですね。ただ単に見つけただけじゃなくて真理そのものを本当に知るということは非常に難しいです。本当に知った時が悟りということなのです。非常に乱暴なまとめ方ですけれども、仏教とはそういうものだと考えられます。

そして仏教では、釈尊は真理を発見したが、それ以前から真理はあったのだから過去に真理を発見した仏も当然いただろう。あるいは真理は今もあって、これから先もずっとある。ということは未来に真理を発見する仏もいるだろうということで、過去仏《かこぶつ》や未来仏《みらいぶつ》という見方が出てきます。同時にこの世界だけに真理はあるわけではなく、どこにでもあるんだから、他の世界で真理を発見したそういう仏も当然出てくるだろうということで他方仏という考え方が出てきます。

余談ですけれども経典の中にいろいろとおもしろいことが説かれています。他の仏の世界の中に、言葉で説法するのではなくて匂いで説法をする世界があると。仏が何か匂いを出すわけです。当然いい匂いです。その匂いをかぐ、あるいは匂いを聞くという言い方もしますが、その匂いをかぐことでその仏の思っていることが伝わるという世界もあると説かれています。その世界の仏が、「娑婆《しゃば》という世界があって釈尊という仏がいる。その釈尊という仏は言葉で法を説いている」ということを、やはりその匂いで説くわけです。そしてそれを知った菩薩《ぼさつ》たちは、釈尊という仏はなんと難しいことをしているんだろうと。言葉で法を説くなんてそんな難しいことをできるんだろうか、と考える。我々からすれば匂いで法を説くなんてそんな難しいことができるんだろうかと思いますけれども。

これは仏教の非常に多様なものの考え方、さまざまな世界観を示しています。自分たちの知っている見方や世界だけが絶対ではないというものの見方です。そこに、「他の世界にも仏がいるわけだから、この世界にいなかったら、今現に仏のおられる世界に行ったらいいじゃないか」という発想で、阿弥陀仏の浄土に生まれていくという考え方が出てくるわけです。

仏道を歩む力のない者

また、その考え方が出てくるのは、凡夫に関する理解として仏道を歩む力がまったくないという凡夫の捉え方とも関係しています。凡夫という言葉は、本来は、仏道を歩む力がまったくないというのではなくて、ある程度あるとされています。仏教一般では、低い境地とはいっても、我々の境地よりは相当高いところまで凡夫という言葉で表現されています。しかしその凡夫観が徹底されてくるのが浄土教であり、一番徹底されたのが親鸞のところだと考えることができます。親鸞のところまできますと、凡夫というのは仏道を歩む能力がゼロだと位置付けられてくるわけですね。仏道を歩む能力がゼロの者は、その者が仏道を歩んでいくためには他の力が当然必要になってきます。そこで他力という考え方が出てくるわけです。

聖道門を捨てて浄土門に帰すという親鸞の宗教体験は、言葉を換えていうと、親鸞は、初めはこの世界で悟りを開こうとしていたわけです。釈尊以降この世界で仏に成ったものは一人もいないとはいえ、やはり比叡山の天台宗《てんだいしゅう》の教えでは、基本的にこの世界で仏に成ることを目指すわけです。親鸞は初めはそういう道を歩んでいました。しかしその道に破れて、阿弥陀仏の浄土に生まれて悟りを開くという道に転換しました。さらに阿弥陀仏の浄土に生まれて悟りを開くという中においても、自分の力を役立たせて阿弥陀仏の浄土に生まれていこうという道から、今度は百パーセント阿弥陀仏の力によって浄土に生まれていこうという道に転換した、とこう考えられます。

浄土という世界観と現代人

そこで一つ問題なんですが、親鸞の時代には、浄土の存在、あるいは阿弥陀仏の存在は普通に受け容れられていました。浄土という世界があり、阿弥陀仏という仏がいるということを、親鸞も受け容れていたわけです。この一番の基本は釈尊がそう説いているからということです。仏教の一番の基本は、信という言い方がされますけれども、その信は釈尊の言葉を信頼するという意味です。だから仏道を歩むということは釈尊の言葉を信頼するということです。そんなこと本当にあるんだろうかと思っても、釈尊という仏がいっていることなんだから、今の私にはわからないかもしれない、納得できないかもしれないけれども、それはある、ということが一つのスタートになります。

ところが現代人はそうではありません。たとえば経典に、「ここから西の方に十万億の仏土《ぶつど》を過ぎたところに極楽《ごくらく》という世界があり、そこに阿弥陀仏という仏がいる」と説かれていても、「ふーん、なるほど」とすっと受け容れることのできる現代人はおそらく一人もいないと思います。

従来、この「真宗学概論」の講義は、真実の教えとはどういう教えか、そして行とは何か、信とは何かと、だいたいこういうかたちで展開してくるのが普通です。しかしその一番もとになっている浄土という世界が自分にとって納得できなかったら、結局そういう話はすべて絵空事になってしまいます。ただ単に親鸞がそういっていただけであって自分の問題になってきません。自分が受け容れられないような話は基本的にはすぐ忘れてしまいます。一生懸命に覚えてもすぐに忘れてしまうものです。

そういう意味でやはり私は、浄土とは一体何なのか。阿弥陀仏という仏とは一体何なのかという話をまず最初にしておかないといけないと思っています。

現代人には、親鸞が比叡山で修行をしていたこの世界で悟りを目指す道の方が、どちらかというとわかりやすいです。この世界で一生懸命修行をしていれば、段々と心が清らかになっていくというのは非常にわかりやすいですね。逆に、今という時代は浄土に生まれるという話は非常にわかりにくいということになります。そこで、念仏《ねんぶつ》とは何かとか、信心《しんじん》とは何かという話に入る前に、浄土という世界は一体何を意味しているのか、阿弥陀仏という仏は一体どういう仏として表現されてきているのかということを、まずきちんと押さえていくことが必要だと思いますので、これからその話に入っていきます。

三、「浄土」の語義

「穢土」の対義語として

まず浄土の語義ですけれども、「浄」は「浄らか」という意味です。浄らかというのは当然汚れているのに対してきれいだということです。「汚れている」より「穢《けが》れている」という言い方の方が仏教においては普通なわけですが、「穢れている世界」これが「穢土《えど》」という言葉で表現されます。そして浄土と穢土と対比される時、一体何が穢れなのか。宗教によってはさまざまな穢れがあります。たとえば死を穢れとする宗教ももちろんありますし、血を穢れとするものもあります。仏教においては煩悩《ぼんのう》を穢れとします。煩悩という言葉自体もわかりにくいですが、わかりやすくいうと、煩悩の根本にあるのは自己中心性です。もっとわかりやすくいうと「自分さえよければいい、他人はどうなってもいい」という考え方や思いです。私たちの一番根っこのところにそういう思いがあるわけです。私たちが他の人のことを考えるのは、普通は余裕のある時ですね。余裕がなくなってしまうと自分さえよければいいということになってきます。

ですからたとえば他人のために自分を犠牲にするというのは、人間の本質からいうと非常に珍しいことになります。母親が子どものためにそういう行動を起こす、というのはよくあります。ただしそれも自分の子どものためだけです。他人の子どもはどうでもいいということになってきますから、結局それも考えてみると自分さえよければいいと、他人はどうなってもいいと同じことです。あるいはお国のために命を捨てるということがありますけれども、その国は自分の国ですね。他の国のために命を捨てるというのは基本的にはあり得ません。ですから自分という枠が非常に小さくなると、その中に自分一人しかいなくなります。その枠が広がってくると、その枠の中にはたくさん入ってくるわけですが、自分さえよければ他人はどうなってもいいという考え方が基本としてあります。非常に広く広がった時には、その枠の中に人間が全部入ってきます。そして人類の幸せのためには他の動物はどうなってもいいんだというような考え方が出てきます。動物実験は普通に行われております。医学の進歩は人類の幸福である。だから人類の幸福のために他の動物は犠牲になるべきだという考え方です。これは自分という枠を非常に広げた場合のことですけれども、仏教から見ると、自分という枠が自分一人だけの場合と、ある意味で同じ事なんですね。命は全部平等であって、人間の命だけ尊いということはないというのが仏教の教えですから。

その自己中心性が基本的には「穢れ」であり、そういう考え方に穢された世界を穢土といいます。穢土は自己中心性だらけの世界です。自己中心性というのはさまざまなかたちで現れてきます。「欲しい欲しい」「私の好きなものだからあれが欲しいんだ」とむさぼるのは「貪欲《とんよく》」という煩悩になります。また「あいつは嫌い」「あんなやつはけしからん」と腹を立てるのは「瞋恚《しんに》」という煩悩になります。本来、自分の思い通りにならないからといって腹を立てる必然性はないはずですが、私たちにおいては必然なんですね。これがまさに自己中心性に穢されているというあり方です。そして浄土とは、そうした穢れが一切存在しない世界として、仏教の中で位置付けられています。

ところで浄土という世界を考えていく時に、たとえばこの世界が穢土になったり、浄土になったりするという考え方が仏教にはあります。つまり私は煩悩にまみれているから、この世界は穢土でしかない。しかしもし私がそういう自己中心性を離れることができたならば、この世界はそのまま悟りの世界、浄土なんだと、こういう浄土観があります。穢土も浄土も、私の見方次第だと捉えるわけです。ですが、親鸞に至る浄土教の流れは、この世界とは別に浄土という世界を考えます。そのため「ここから西へ十万億の仏土を過ぎてずっと西の方へ行けばそこに極楽という浄土がある」と説かれてくるわけです。まさに現代人が簡単に受け容れることのできる話ではありません。

四、浄土の本質

その一、無上の方便

しかしやはり仏教においてそういう説き方がされてきたことには意味があります。まず、曇鸞《どんらん》の『往《おう》生《じょう》論註《ろんちゅう》』（『無量寿経優婆提舎願生偈註《むりょうじゅきょううばだいしゃがんしょうげちゅう》』）という書物では「かの仏国《ぶっこく》はすなはちこれ畢竟成仏《ひっきょうじょうぶつ》の道路《どうろ》、無《む》上《じょう》の方便《ほうべん》なり」（『註釈版七祖篇』一四五頁、『聖典全書』一・三四〇頁）と示されてあります。「かの仏国」は阿弥陀仏の浄土です。「方便」は手段という意味です。たとえば二階へ行くのに上る階段が方便だという言い方がされたりもします。二階へ上がるのには階段が必要です。二階へ上がってしまえばいらなくなります。「下りる時はどうするんだ」と理屈をいう人もいるかもしれませんが、とりあえず上がるということだけを考えれば、上がってしまえばいらなくなります。方便にはそういう意味があります。そこへ行くまでは必要だけれども、そこへ行けばもういらなくなります。

これについては、私の恩師の村上《むらかみ》先生が棒高跳びの棒に喩えておられました。高いところにあるバーを越えるのに棒高跳びの棒は絶対必要ですよね。けれども、いつまでも握っているとバーを越えられません。どこかで手を離さないと越えられないのです。これも方便。方便にはさまざまな意味合いがありますが、ここでの方便は、「無上の方便」ですから、これ以上はないという仏の最高の手立てだということです。「畢竟成仏の道路」という究極的な成仏の道であると。浄土という世界こそが実は悟りを開くのに最高の手段だと示されているのです。

つまり、これまでもいってきたように仏教は迷いから悟りへという構造をもっています。その本質、本筋をずっと保った上で浄土という世界こそが最高の道だというのです。浄土という世界は何のためにあるのかというと基本的には、この私が悟りを開くために存在していると考えることができるわけです。

その二、真理の展開する世界——広略相入——

そしてもう一つ。これも同じく『往生論註』ですが、『教行信証』の「証文類《しょうもんるい》」に引用されている所です。

上《かみ》の国土《こくど》の荘厳《しょうごん》十七句《じゅうしちく》と、如来《にょらい》の荘厳《しょうごん》八句《はっく》と、菩薩《ぼさつ》の荘厳《しょうごん》四句《しく》とを広《こう》とす。入一法句《にゅういっぽっく》は略《りゃく》とす。なんがゆゑぞ広略相入《こうりゃくそうにゅう》を示現《じげん》するとならば、諸仏《しょぶつ》・菩薩《ぼさつ》に二種《にしゅ》の法身《ほっしん》あり。一《ひと》つには法性法身《ほっしょうほっしん》、二《ふた》つには方便法身《ほうべんほっしん》なり。法性法身《ほっしょうほっしん》によりて方便法身《ほうべんほっしん》を生《しょう》ず。方便法身《ほうべんほっしん》によりて法性法身《ほっしょうほっしん》を出《いだ》す。この二《に》の法身《ほっしん》は、異《い》にして分《わか》つべからず、一《いつ》にして同《おな》じかるべからず。このゆゑに広略相入《こうりゃくそうにゅう》して、統《か》ぬるに法《ほう》の名《な》をもつてす。菩薩《ぼさつ》、もし広略相入《こうりゃくそうにゅう》を知《し》らざれば、すなはち自利利他《じりりた》するにあたはず。

（『註釈版』三二一～三二二頁、『聖典』二九〇頁）

ここでいわれていることはどういうことかというと、浄土という世界は実は真理そのもので、真理というのは仏の悟った内容であるから、浄土は真理そのものが展開した世界だということです。もっと言い方を換えますと、浄土という世界は、それをつくる材料は真理そのものなんだということです。ただ真理そのものは、親鸞によれば、言葉では表現できない。心で考えることもできない。ではどういう世界なのか簡単にいいますと、真理そのものの世界は「一切の区別がなくなってしまう世界」という言い方がされます。一切の区別がなくなった世界は言葉では表現ができません。なぜかというと言葉は区別するための道具だからです。

たとえばみなさん方にはお名前がありますね。名前は他の人と区別するためのものです。試験の時に名前を書いてくれないと誰の答案か私にはわかりません。名前も言葉の一つであり、まさに区別するための道具であるわけです。区別のない世界は言葉では表現できません。こういいますと「いや、そういうけれど区別のない世界だという言葉で表現できるでしょう」と必ず理屈をいう人がいます。しかし実は、「区別のない世界」という言葉は、区別のある世界と区別のない世界を区別しているんです。結局、言葉というものはどこまでいっても区別しかできません。だから、一切の区別がなくなった世界というのは言葉では表現できないのです。

仏の悟りはそういう世界だと仏教では説いています。一切の区別のない真理そのもの、仏の悟りそのものが区別のある世界として表現されている。真理そのものを本質としてつくられたのが浄土という世界なのだといわれているのが、「証文類」に引用されている『往生論註』ということです。

浄土という世界について経典にはさまざまな説かれ方がされています。たとえば池があります。なおインドの池というのは、日本人の考える池ではなくて、人工のプールのような四角い形をしているのが普通です。インドの祇園精舎《ぎおんしょうじゃ》に行きましても、そこにある池は全部プールのような形をしています。それに準じて考えると、おそらく浄土の池もインドの人たちは、プールのような形の池をイメージしているのであろうと考えられるわけです。経典によりましては、浄土の池には青い蓮の花、白い蓮の花、赤い蓮の花、黄色い蓮の花という大きな蓮の花が咲いていると説かれています。また浄土の木は、金・銀・瑠璃《るり》・玻《は》瓈《り》・硨磲《しゃこ》・赤珠《しゃくしゅ》・碼碯《めのう》という七つの宝で飾られているとか、あるいは浄土の建物も、大変素晴らしいものであるとか、またそこにまします阿弥陀仏はこういう仏なのだとか、阿弥陀仏だけではなくて、観世音《かんぜおん》菩薩《ぼさつ》や大勢至菩薩《だいせいしぼさつ》その他もろもろの大菩薩などのお仲間や、あるいは美しい声で鳴く鳥などもいるのだと説かれています。

こうしたさまざまに説かれた浄土の描写が「広」という字であらわされています。浄土のいろいろなあり方が広く説かれているのだということです。曇鸞の『往生論註』や、もとになっている天親《てんじん》の『浄土《じょうど》論《ろん》』（『無量寿経優婆提舎願生偈《むりょうじゅきょううばだいしゃがんしょうげ》』）には、浄土という世界、国土の素晴らしさは十七の側面から示され、阿弥陀仏の素晴らしさは八つの側面から示され、菩薩の素晴らしさは四つの側面から示されています。こうしたさまざまな面から素晴らしさが示されていることを「広」という言葉で表現します。

もう一つ「略」という言葉があります。これはある意味では「真理そのもの」ということができます。仏教は悟りを開いた仏の教えであり、迷いというあり方の存在が悟りを目指して歩んでいくことです。その悟りとは、正しく物事を見るということです。そして正しく物事を見るということは、ありのままの姿をありのままに見るということです。

では、ありのままの姿を見るということはどういうことなのか。このことが当然次の問題になります。ありのままの姿というのは、実はありとあらゆるものはさまざまな条件によってそのようになっているということです。さまざまな条件によってそうなっているものは、条件が変われば変わります。条件というのは常に変わり続けているから、そのものも変わり続けているのです。これを仏教では「諸行無常《しょぎょうむじょう》」という言葉で表現します。一切のものは、他のものとの関係でそのようにあり、条件によってたまたま今そのようにあるのだから、固定的に在り続け、一切の条件に左右されず、何も変化しないようなものは存在しないのです。何も変化しないものを仏教では「我《が》」と表現し、悟りの内容を「諸法無我《しょほうむが》」と表現しています。固定的、実体的なものは存在しないと見るからです。これを真理と言い換えることができますが、その真理をはっきりと正しく悟るのが仏の悟りであると仏教では考えるわけです。

そうしますとそれを知るというのは、どういう知り方なのかということが問題になります。そこでは本当にそのことを知るためには、あるいはそのものを知るためには、そのものになりきらないと実はわからないのだと考えます。これは私たちの身近なところでも、子育ての苦労について昔から「子を持って知る親の恩」という言葉がありますよね。つまり、そのことを本当に知るためには、そのものにならないとわからないのだということを意味しています。仏教におきましても、真理を知るということは、真理そのものになりきらないといけないと考えるわけです。

仏教においては、真理を悟った仏と、悟られた真理は一つのものだという捉え方をします。そう考えますと、真理はいつでもどこにでも存在するわけです。ある時代にはなかったとか、ある地方へ行くと存在しないということはありません。いつの時代でもどの場所にでも存在する。その真理と仏が一つのものだという考え方からすると、いつの時代にもどの場所にも仏は常に存在するという考え方に展開していきます。そういう発想で捉えた仏のことを法身といいます。

話を戻しますと、「略」とはその真理と一体となった仏そのものを意味しています。そして「広」とは、浄土という世界そのものの素晴らしさや、阿弥陀仏の素晴らしさや、浄土の菩薩の素晴らしさなどが、さまざまに説明されていることを意味しています。実はその「広」は、真理と一体となった悟りそのものである「略」の展開してきた相なのです。これを「広略相入」といいます。悟りそのものを本質として、さまざまな相を取っているということです。

金獅子の像の喩え

これを喩えるのに、『華厳経《けごんきょう》』関係の論書に出てくる、金獅子《きんじし》、つまり金でできあがった獅子の像の喩えがよく使われます。浄土真宗の学僧たちもよくこういう喩えを使います。あるところに一人の長者《ちょうじゃ》、金持ちがいます。子どもが一人いるけれど、歳をとってからの子どもだからまだ小さいです。大金持ちですけれども、病気になりあまり命は持ちそうにありません。自分の死んだ後、自分の子どもはまだ小さく、周りにずるい親戚がいっぱいいるから、きっと財産は全部取られてしまうだろう。自分の子どもに何か残してやりたいけれども、まだ子どもでよく理屈もわからないので、本当にいい餌食になってしまい、財産を全部取られてしまうだろうとその長者は考えました。そこで子どものために少しでも財産を残してやりたいと思い、金の塊を手に入れます。けれども、そのまま子どもに与えて「これは貴重なものだから大事にしなさい」といっても、子どもには金の値打ちがわかりません。ただピカピカしたものだとしかわかりません。そこでその長者は考えて、その金の塊で彫刻の名人に頼んで立派な獅子の像を作り上げてもらい、子どもにその獅子の像を与えて、「大変立派で貴重な獅子の像だから大事にしなさい」といいました。子どもには金の値打ちはわからなくても、今にも動き出し「ウオー」と吠える声が聞こえてきそうなほど、立派な獅子の像がそこにできあがっています。その子どもは確かに非常に立派な像であるというので、その獅子の像を大事にしました。さて、この子どもは金の値打ちを知りませんので別に金を大事にしたわけではありません。あくまで獅子の像を大事にしただけなのです。けれどもその獅子の像は金でできているわけですから、獅子の像を大事にするということは、実はそのまま金を大事にすることになるのだという喩えです。

先ほどいいましたように、浄土という世界は実は、真理そのもの、仏の悟りそのものを材料にしてできあがっています。ところが仏の悟りそのものということについて、親鸞はどのように表現しているかというと、たとえば『唯信鈔文意《ゆいしんしょうもんい》』には「二種法身《にしゅほっしん》」を釈されて次のように述べています。

法身《ほっしん》はいろもなし、かたちもましまさず。しかれば、こころもおよばれず、ことばもたえたり。

（『註釈版』七〇九～七一〇頁、『聖典』五五四頁）

法身というのは、色もなく形もない、心で考えることもできない、言葉で表現することもできないと述べています。先に説明したように真理そのものについて、なぜ心で考えることもできない、言葉で表現することもできないのかというと、真理そのものは一切の区別がなくなってしまう世界という側面を持っているからです。一切の区別がなくなってしまう世界というのは、基本的に言葉では表現できません。なぜなら言葉は区別するための道具だからです。だから本当に区別のない世界は、言葉ではいいあらわせないのです。

そしてもう一つは、私たちのものの考え方というのは、いろいろなものを区別することによって成り立っているということです。これを逆にいいますと、区別することで私たちのものの考え方が成り立っているのだから、区別しているものを表現するものとして、言葉というものができあがっているのだということです。こちらの方が実は正しいかもしれません。私たちのものの考え方がそもそも、区別するという行為に基づいています。自分が考えているだけでしたら言葉は要らないですが、他の人にそれを伝える時にはやはり言葉が必要となってきます。その時にものを区別するための道具として、言葉というものができあがっています。そういう世界に生きる私たちにとって、一切の区別がない世界というのは考えることもできません。我々は区別があるという中でしかものを考えることはできないからです。

先ほどの親鸞の『唯信鈔文意』の言葉は、区別のない世界は考えることができない、言葉で表現することもできないということを表現したのです。本当の法身という仏の悟りそのもの、真理そのものというのは、もちろん色もないし形もありません。心で考えることもできないし、言葉で表現することもできないものです。そうするとそのようなものを私たちは求めることができるはずがありません。つまりそれが、金獅子の喩えの金であるわけです。金の値打ちが子どもにはわからないというのと同じだと考えてください。

願心荘厳の浄土

仏は悟りそのもの、真理そのものを材料にして浄土という世界をつくりあげました。同時に、浄土という世界は、私たちに生まれたいと思わせるようにできあがっています。このことを天親は、阿弥陀仏の浄土は「願心荘厳《がんしんしょうごん》」の世界だといっています。浄土とは阿弥陀仏が、衆生《しゅじょう》を生まれさせたい、衆生に浄土を願わせたいという願心から荘厳された世界だと。そして浄土は阿弥陀仏の浄らかな智慧《ちえ》と大いなる慈悲《じひ》という悟りそのものでできあがっていますから、浄土を求めることが、実は悟りそのものを求めることになります。その意味で金獅子の喩えが使われるのです。

先ほど少し池の話をしましたが、浄土の池の水は、冷たくもないし、熱くもないと説かれています。入った者が少し冷たいと思うとちょうどいい温度になる。あるいは、足湯くらいがいい、腰湯くらいがいい、肩まで入りたいと思うとそのくらいの量になる。そういう池が浄土にはあるという説き方がされているのです。確かにそういうものがあったらいいと思いますけれど、それは当時のインドの人たちを生まれたいと思わせる世界なのです。人間に対してつくられている浄土だから、そこにある木もそれぞれ金や銀ででき あがっているのだと説かれています。これに関して昔の学僧がおもしろいことをいっています。人間のためにつくられた浄土にある木は金や銀や瑠璃や玻瓈等という宝石でできあがっているけれども、もし仏が猫のために浄土をつくったとすると、浄土の木は全部鰹節でできあがるだろうというのです。ともあれ、金や銀でできていようが、鰹節でできていようが、本質は悟りそのもの、真理そのものです。だから私たちが浄土に生まれたいなあと思うことが、実はそのまま悟りを求めることになるのです。我々が悟りそのもの、真理そのものをストレートに求めることはできないから、真理を求めることができるように、真理そのものを材料にして浄土という世界をつくりあげた。そのつくりあげた世界を私たちが求めていくことが、つまりそのまま真理を求めていくことになるのだということです。

これは浄土という世界はどういう世界で、どう考えるべきかということの一つの説明です。先ほどの獅子の像の喩えで考えると、頭があって、胴体があって、尻尾があります。もちろんその獅子の像が歩くはずはないですが、歩くということを考えると、頭を先頭にして、足とか胴体とかは後から付いてきて、尻尾は一番後から付いてくるという違いがあります。しかし、何でできあがっているかという点から考えると、頭であろうが胴体であろうが足であろうが尻尾であろうが、金そのものには何の違いもありません。頭の金と尻尾の金は違う金ではなく同じ金です。それと同じように、浄土という世界には阿弥陀仏という仏がいます。それから観音菩薩、勢至菩薩という大菩薩がいて、あるいは鳥がいると説かれているけれども、そういう違いがあったとしても、全部真理そのものでできあがっているという意味からいうと、みな同じで何の違いもないのです。仏も菩薩もあるいは鳥たちも何の違いもないのだという説明の仕方もされるわけです。これは後で一つ問題になってきますので、今はこれだけにしておきますけれども、浄土という世界は真理そのもの、仏の悟りそのものでできあがった世界だと説かれているということです。

五、「迷い」と「悟り」の関係――迷悟の二而不二――

次は「迷悟《めいご》の二而不二《ににふに》」です。迷悟とは「迷い」と「悟り」です。この二つの関係について考えてみましょう。

仏教では、ありとあらゆるものは、さまざまな条件（縁）によって起こっていると考えます。これを「縁起《えんぎ》」といいます。縁起は仏教の基本概念ですから、真宗であろうが天台宗であろうが禅宗《ぜんしゅう》であろうが日蓮宗《にちれんしゅう》であろうが、縁起を否定すると仏教ではなくなってしまいます。

波と水の喩え

そのようにさまざまな条件によってできあがっているというあり方のことを、仏教では波に喩えることがあります。波というものはできあがって、そして壊れます。できあがって壊れるまでに、基本的には形を変え続けます。それと同時に波そのものを比べてみると、ある波と他の波とは全部違う形をしています。

同じ形をしている波は基本的にあり得ません。何故かというと、条件が違うからです。波の形を決める条件は無数にありますが、思いつく限りでは、まず風の強さと方向です。これらは一定ということはあり得ず、細かく変わる場合と大きく変わる場合とがあって、必ず変わり続けています。それから変わるということでいうならば、満潮に向かっているのか、干潮に向かっているのかということも、当然波の形には関係するでしょう。みなさん知っているかと思いますけれども、満潮と干潮とが何によってできあがるのかというと、月の位置ですね。月が水を引っ張るから満潮になるのです。月と太陽とどちらが引っ張る力が強いかというと、月の方が近いですから引っ張る力が強い。それから地球に対して月と太陽とが一直線に並ぶ時が一番引っ張る力が強いということで、この日が大潮になるわけです。月と太陽の地球に対する相対的な位置も、変わり続けています。ということは、当然波をつくる条件も変わり続けています。変わり続けていて、なおかつ場所によっても違うわけですから、波の形も全部違うということです。

私たちのあり方も生まれてから死ぬまで実はそうなのです。波ができあがって壊れるように、私たちも生まれてから死ぬまで、ある意味、形を変え続けているのです。一日くらいでしたらあまり変わったように見えないですが、特に若い人たちは、十年前の自分と今の自分を比べますと、肉体的にも精神的にも大違いでしょう。十年前の自分が今の自分になるまでに、いろいろな条件があります。何を食べてきたのか、どんなものをどれだけ食べてきたのか、どんな運動をしてきたのか、一人ひとり条件が違います。あるいは心のあり方にしましても、どういう経験をしてきたのか、その経験に対してどう反応してきたのか。怒ったり、あるいは喜んだり、怒り方や喜び方も一人ひとり違います。同じ出来事に出会っても、大きく喜ぶ人とあまり喜べない人があり、そういうものによって今の私の心のあり方はできあがっているのです。経験も当然一人ひとり違います。たとえば日本に生まれたみなさんとアメリカで生まれて育ってきた人たちとではずいぶん経験が違います。そういうような形で私たち一人ひとりが違います。あるいは私たち一人ひとりが変わり続けているというのも、条件が変わってきたからなのだと考えることができるのです。

波の話に戻りますと、波は水でできあがっていますよね。波の形は一つ一つ違うけれども、水だという点で見ると全部同じだと考えることができるわけです。つまりあらゆるものが同じという側面と、違うという側面を持っているというのが、仏教の説いているところです。それは迷いと悟りでも同じなのです。さまざまな条件によって迷いという波ができあがっていて、さまざまな条件によって悟りという波ができあがっている。「波」という側面で見比べてみると、「迷い」と「悟り」は明確に違います。ところが「水」という側面で見ると、「迷い」と「悟り」は同じということになります。先ほどいいました、一切の区別がない世界というのは、つまりすべての存在は水という側面を持っているという意味なのです。すべて水という側面で見ると、大きな波であろうが小さな波であろうが、どちらも水であるということで一切の区別はなくなってしまいます。水としては何の違いもない。そういう見方をしていくのが仏教なのです。

今までいいましたことは、頭で理解するのはそんなに難しい問題ではありません。しかしこれは私全体で理解しないと実は本当にわかったことにはならないのです。すべてのものは区別がないという側面を持っているということは、頭や理屈ではわかります。けれども私たちはいつまでたっても、ものを区別するという点でしか考えることしかできません。そういう考え方しかできないことを仏教では迷いという言葉で表現するわけです。

迷いという波と悟りという波は違うけれども、どちらも同じ水なのだという側面からいうと、迷いと悟りは同じであって違う、違っていて同じなのだという関係になります。これを「二而不二」と表現します。二つであって、二つではないということです。二つではないということは同じだという意味です。だからこれは、違っていて同じだという意味です。当然同じであって違っているという言い方もありますが、その時は不二而二《ふにに》という言い方をします。どちらでいっても別に違いはありません。今の喩えとしては、迷いという波、悟りという波といいましたが、一般的にありとあらゆるものに関して水と波に喩えることができます。つまり、波は無数にあり、世の中に存在するものも無数にあります。それは一つ一つ条件が違うからそうなっているだけであって、条件を外してしまうと、みな同じになってしまうということになるわけです。

氷と水の喩え

この迷いと悟りという二つのものだけの関係を考える時には、波と水の喩えよりも、氷と水の喩えを使う方が普通です。たとえば『高僧和讃《こうそうわさん》』「曇鸞讃」には、

無礙光《むげこう》の利益《りやく》より　威徳広大《いとくこうだい》の信《しん》をえて
かならず煩悩《ぼんのう》のこほりとけ　すなはち菩提《ぼだい》のみづとなる
罪障功徳《ざいしょうくどく》の体《たい》となる　こほりとみづのごとくにて

こほりおほきにみづおほし　さはりおほきに徳《とく》おほし

（『註釈版』五八五頁、『聖典』四九三頁）

とあります。この時に「迷い」は「氷」で喩えられ、「悟り」は「水」で喩えられます。氷と水の喩えは、迷いというあり方と悟りというあり方を、非常によくあらわしています。

迷いのあり方というのは、要するにとらわれのあり方で、とらわれのあり方というのは、なかなか考え方が変わらず、決まった形でしかものを考えることができません。氷も決まった形しか持っていません。一方、水には決まった形はありません。決まった形を持っていないから、どんな形にでもなれます。悟りというのは、ある意味でそういう非常に柔らかいものの見方、ものの考え方だともいえます。どんな考え方でも受け容れることができるというのが、悟りの一つのあり方だといえます。私たちは固定的なものの見方しかできず、氷というもので喩えられています。つまり氷は固く、水は柔らかいわけです。けれども、氷も水もH_2Oです。H_2Oだという側面で見ると、氷と水の違いはなく同じものです。同じであって違う、違っていて同じであるという氷と水との関係に、迷いと悟りが喩えられているわけです。

先輩方はこのような言い方をされます。氷と水は同じものだから、氷は溶けると水になる。他のものにはならない。もう一つは、氷と水は違うから、氷は溶けないと水にならない、と。同じことをいっているようですけれども、氷と水は同じものだから、氷が溶けると水になり、他のものにはなりません。氷と水は違うから氷は溶けないと水にはならないし、氷のままでは水とはいわないということです。迷いと悟りは同じだから、迷いというあり方のものが悟りというあり方になることができます。つまり、言葉を換えていうと、迷いというあり方の私たちが悟りというあり方の仏に成ることができるわけです。

仏教とは成仏道ですから、私が仏に成るというのが基本です。迷いというあり方の私が悟りというあり方の仏に成る。つまり「迷い」と「悟り」、もっというと「私」と「仏」という存在は同質なのです。本質は変わりません。条件によって「私」と「仏」という違いが生まれてきているだけなのだと考えます。これはある意味でキリスト教の「神」と「人間」の関係との一番大きな違いだというように私は思います。キリスト教では神と人間は異質です。異質だから人間は決して神にはなれません。仏教では仏と衆生は同質ですから、衆生が仏に成っていくのが仏教の特徴だと考えることができるわけです。

「同じ」と「違う」の二側面

そして迷いと悟りが同じというだけではなく、迷いと悟りが違っているという側面があります。仏教では必ずこの両方の側面を踏まえなければいけない。というよりも、この両側面を踏まえていないと仏教とはいえないのです。ですが、どちらに重心を掛けるかという問題があります。両方に足を置いているにしても、どちらの足に重心を掛けるのか。迷いと悟りが同じだという方に重心を掛けるのか、迷いと悟りが違うのだという方に重心を掛けるのか、特にどちらに重心を置くのかということで教えのスタイルが変わってきます。仏教にはさまざまな教えがあります。天台宗の教え、真言宗《しんごんしゅう》の教え、禅宗の教え、日蓮宗の教え、浄土真宗の教えなどいろいろな教えがあり、それぞれの教えはそれぞれのスタイルを持っています。専門用語で「教相《きょうそう》」という言い方をします。相は「すがた」ですから、わかりやすくいうと教えのスタイルという意味です。何故このように教えが違ってくるかというと、理由の一つとしては「迷いと悟りは同じ」という側に置いた足に重心を掛けると、そういう教えのスタイルになり、あるいは「迷いと悟りは違う」という側の足に重心を掛けると、そういうスタイルになるからです。しかもその重心の掛け方が、片方がゼロということはありません。片方がゼロであったらこれは仏教にはならないわけで、必ず両方には足を置きます。しかし片方に九で、もう片方に一という掛け方もありますし、片方に七と片方に三という掛け方もあります。そういう掛け方の割合の違いで教えのスタイルは変わってくるわけです。もちろんこれが教えのスタイルを変えている唯一の理由というわけではなくて、他にもいろいろな理由があります。それこそ教えのスタイルもいろいろな条件によってできあがっているのであって、一つの条件だけによってできあがっているということは、基本的にはあり得ないと仏教では考えます。

「同じ」に重心を置く禅宗

では、浄土教はどうなのかというと、「迷いと悟りは違う」という側面に重心を掛けています。たとえば仏教の中でも、「迷いと悟りは同じ」という側面に重心を掛けている代表的な教えは禅宗です。迷いと悟りが同じだというのは、一切の区別がないという考え方が主だということになります。ですから禅宗では、最終的に文字は否定し、文字によって意味を立てないという「不立文字《ふりゅうもんじ》」という表現をするのです。文字によって言いあらわせるものは、ある意味でつまらないといいます。文字というのは区別する世界で、それを否定するということは区別のない世界に大きく重心を掛けた教えだということができるわけです。

本当か嘘かわからないですが、こういう有名な話があります。禅の研究の大家である鈴木大拙《すずきだいせつ》先生のところにある人が訪ねてきましたが、鈴木先生は手が離せない用事があって、書斎に入って少し待っていてくれといわれました。書斎に入って周りを見ると本があり、傍らを見ると『鈴木大拙全集』という本がありました。鈴木先生が用事を終えて入って来た時、その客がいじわるな質問をしたそうです。「先生は禅宗ですよね。禅宗というのは文字を立てない。文字を否定する。文字を否定する先生がどうしてこんなにたくさんの本を書いたのですか」と聞いたところ、鈴木先生は「文字を立てないということをいうために四つの文字を使う。何故文字を立てないのか。文字を立てないとはどういうことなのかということをいうためには、これくらい本を書かないといえない」という説明をしたそうです。だからいくら区別をしないという側に重心を置いているからといって、本当にそれだったら一言ものをいわないのかというとそうではありません。何ものをいわないのなら、教えとしては成り立ちません。文字になった教えというのは本質ではないということをいうためには、言葉を使わないとなりません。だからそういう教えのスタイルの中にあって、言葉を使うという側面は必ず残しています。それがなくなってしまうと、逆に教えにはなりません。

それと同時に道元禅師《どうげんぜんじ》は、自分の心の外に仏を求めるのは間違いだという言い方をします。また、自分の中にある仏を見つけ出さないといけないという言い方もします。自分の中にある仏を見つけていないというあり方は迷いで、見つけた段階が悟りであるということです。つまり、自分の心の外に仏を求めてはいけないというのは、自分の心（迷いというあり方）と、仏（悟りというあり方）は違うものではないということを基本的にはいっていて、自分の心の中の仏を見つけ出す、心の中の仏を磨き出すなどという言い方をします。自分の中の仏を見つけなかったら悟りではなく迷いであるということですから、やはりどうしても迷いと悟りが違うという側面は残るわけです。これがなくなり、違うという側面を一切否定してしまうと、仏教ではなくなってしまうということになります。

「違う」に重心を置く浄土教

先ほどいいましたように、浄土教という一つの流れは、迷いと悟りは違うという側に大きく重心を掛けているのだといえます。たとえば曇鸞の『往生論註』では、浄土という世界にはどうしてこんな素晴らしいところがあるのかという問題提起をしています。元々は天親の『浄土論』の文章ですが、最初だけ少し読むと、

無《む》垢《く》光炎《こうえん》熾《し》　明浄《みょうじょう》曜《よう》世間《せけん》

この二句は荘厳《しょうごん》妙色《みょうしき》功《く》徳《どく》成就《じょうじゅ》と名《な》づく。仏本《ぶつもと》なんがゆゑぞこの荘厳《しょうごん》を起《おこ》したまへる。ある国土《こくど》を見《み》そなはすに、優劣不同《うれつふどう》なり。

（『註釈版七祖篇』六三頁、『聖典全書』一・四六〇頁）

とあります。つまり仏はどうしてこういう素晴らしい世界として浄土をつくろうと願いを発《おこ》したのかという問いを出して、その後に「ある国土を見そなはすに」として、そうではない世界があるということを必ずいわれているのです。そうではない世界とは、我々のいるこの世界を大体意味しています。我々の世界はこんな駄目なところがあるから、その駄目なところをなおそうとして仏は浄土という世界をつくろうとしたのだという説明の仕方になります。『往生論註』では浄土についてたくさんのことがいわれるのです

が、その一つ一つは大体同じパターンでいわれています。仏はどうしてこの素晴らしい点を浄土に持たせようとしたのか、どうしてこのような素晴らしい点を仏に持たせようとしたのか、どうしてこんな素晴らしい点を菩薩に持たせようとしたのか。それはつまらない世界がこのように一方にあるからだ。これは明確に浄土と穢土をきちっと対応させて、正反対の世界だという形で説いています。浄土と穢土、つまり、迷いと悟りは違うのだという側面に立った教え方です。

また親鸞は迷いと悟りの違いについてどういっているのかというと、穢土と浄土、あるいは衆生と仏が、違うというよりも、相反する存在だという示し方をしています。たとえば『尊号真像銘文《そんごうしんぞうめいもん》』という書物には、

「至心信楽《ししんしんぎょう》」といふは、「至心《ししん》」は真実《しんじつ》と申《もう》すなり、真実《しんじつ》と申《もう》すは如来《にょらい》の御《おん》ちかひの真実《しんじつ》なるを至心《ししん》と申《もう》すなり。煩悩具足《ぼんのうぐそく》の衆生《しゅじょう》は、もとより真実《しんじつ》の心《しん》なし、清浄《しょうじょう》の心《しん》なし、濁悪邪見《じょくあくじゃけん》のゆゑなり。

（『註釈版』六四三頁、『聖典』五一二頁）

とあります。「真実と申すは如来の御ちかひの真実なるを至心と申すなり」と述べた後、その次に「煩悩具足の衆生は、もとより真実の心なし、清浄の心なし、濁悪邪見のゆゑなり」と、真実というのは仏の側でのことであり、我々には真実は存在しないのだといっています。これは明確に仏と衆生は違うという側面での話です。片一方は真実そのものであり、もう片一方は真実がない。単に違うだけではなくまったくの正反対です。

「同じ」と「違う」のとらわれ

迷いと悟りとは、「同じ」であって「違う」わけですが、我々はどちらに偏るかというと、迷いと悟りは違うということしかわかりません。我々はものを区別するという見方しかできないですから、やはり迷いと悟りは違うというものの見方をします。ところが、迷いと悟りは違っていて同じですから、迷いと悟りが違うというものの見方しかできないのが、まさに間違ったものの見方だということになるわけです。さっきもいいましたが、迷いと悟りが同じだといわれても、理屈としてはわかるけれども、私たちはそんな考え方が本当にできるのかというと、そんな考え方はできないのです。

その「迷いと悟りは同じ」だという側面にとらわれる人と「迷いと悟りは違う」という側面にとらわれる人がいます。私たちは「迷いと悟りは違う」という側面にとらわれているのですが、もう一方では理屈の上で「迷いと悟りは同じ」という側面にとらわれる人がいます。道綽の『安楽集《あんらくしゅう》』には次のようにあります。

『無上依経《むじょうえきょう》』（意）にのたまはく、「仏《ぶつ》、阿難《あなん》に告《つ》げたまはく、〈一切《いっさい》の衆生《しゅじょう》もし我見《がけん》を起《おこ》すこと須弥山《しゅみせん》のごとくならんも、われ懼《おそ》れざるところなり。なにをもつてのゆゑに。この人《ひと》はいまだすなはち出離《しゅつり》を得《え》ずといへども、つねに因果《いんが》を壊《え》せず、果報《かほう》を失《うしな》はざるがゆゑなり。もし空見《くうけん》を起《おこ》すこと芥子《けし》のごとくなるも、われすなはち許《ゆる》さず。なにをもつてのゆゑに。この見《けん》は因果《いんが》を破《やぶ》り喪《うしな》ひて多《おお》く悪道《あくどう》に堕《だ》す。未来《みらい》の生処《しょうじょ》かならずわが化《け》に背《そむ》く〉」と。

（『註釈版七祖篇』二〇八頁、『聖典全書』一・五九頁）

ここで何がいわれているのかというと、もし迷いと悟りだけではなく、ありとあらゆるものに対する

「違う」ということへのとらわれが、須弥山のように大きくても、仏はそれを恐れない。しかし逆に、迷いも悟りも一切のものが「同じ」だということへのとらわれが芥子粒ほどであったとしても、仏はそれを許さない、ということです。

このことについて「迷い」と「悟り」で考えていくと、迷いと悟りが「違う」からこそ、迷いから悟りへという道が成り立つわけです。私たちは迷っているからこそ悟りを求めないといけないし、仏に成らないといけないということが成り立ってきます。しかしながら迷いと悟りが「同じ」だったら、何も悟りを求める必要はないわけです。ある意味で、動きというのは違いがあるところに生じてくるわけです。

わかりやすいところでいいますと、坂になっているところに、ピンポン球を置きますと、必ずコロコロと動いていきます。ではまったくの平らだったらどうでしょう。たとえば水準器というものがあります。水の中に泡があって、その泡がちょうど中央にくると平らだということになります。とはいいましても、完全な平らというのは基本的にはあり得ません。一応、完全な水平というのは理屈の上ではあり得ても、現実には少しは傾いています。その傾き方が小さいと、ピンポン球は動き出さないということです。ピンポン球とかパチンコ玉を置いて、その家の床が傾いているか真っ直ぐなのか調べるという調べ方もあるそうです。傾いているというのはどういうことかというと、高いところと低いところがあるということです。高いところと低いところという違いがあるから動くのです。違いがなかったら動きません。一切の違いがないところでは一切の動きはなくなってしまうということになります。あるいは温度でもそうです。高温のものと低温のものをくっつけると、温度のエネルギーは高い方から低い方へ流れていき、一緒になるともう流れなくなります。熱いお湯と冷たい水を混ぜますと、熱いお湯の持っているエネルギーが冷たい水の方へ流れて、熱いお湯はぬるくなって冷たい水は温かくなっていきます。どちらの温度も一緒になった時に、もう動きは起こらなくなってしまうということです。

違いがあるところにしか動きは起こらないということは、迷いから悟りへという動きが起こるためには、まずは「迷いと悟りは違う」という側面でものをいわないとならないということです。迷いと悟りは違うということしか知らないのは間違いですが、とりあえずその側面を語ることで迷いから悟りへの動きが出てきます。それによって段々と悟りに近付いてくると、今度は「迷いと悟りは同じ」だという側面もそれなりにわかってきます。しかし初めから迷いと悟りが同じだという方にとらわれてしまうと、そこに動きはないわけですから、その人は進歩しないということになります。これはもう仏道としてはあり得ません。そんなものは仏教を破壊するような考え方です。ですから「同じ」だという方にとらわれるというのは、とんでもない話だといわれるのです。どちらかというなら「迷いと悟りは違う」という側面にとらわれないとダメだということです。これは『安楽集』のこの部分をお話しする時、浄土教の方では、あるいは真宗学ではこう考えますよと私は申しておりますが、仏教学の先生も、「それは仏教の常識です」といいますね。「迷いと悟りは違う」ととらわれる罪と、「迷いと悟りは同じ」だととらわれる罪。どちらの罪が重いのかというと「同じ」だというふうにとらわれる罪の方がはるかに重いと考えるのが常識だと。その意味からいうと、浄土教というのはそうした仏教の常識をきちんと踏まえた教えだといえます。もう一ついいますと、我々がものを区別してしか思考することができないというあり方からするならば、当然教えのスタイルも、迷いと悟りが違うというスタイルをとる方が私たちには受け容れやすいという意味になってくるわけです。

ここまでをざっと振り返ってみますと、まず真宗教義において、やはり浄土の存在は重要です。経典には、ずっと西の方へ行くと、極楽という世界があって、そこに阿弥陀仏という仏がおられると、説かれています。しかしながら、現代人にとって、ずっと西の方に行って、そこに極楽という世界があって、そこに阿弥陀仏がおられるという、内容はそう簡単に受け容れることはできないと考えられます。ですから、浄土という世界はそもそもどういう世界なのかということを、まず押さえておくことが必要であるわけです。

浄土という世界は、基本的に悟りの世界です。悟りの世界というのは、迷いのあり方をしている我々にはわかりません。

たとえば釈尊の伝記「仏伝」にもそのようなことが説かれています。悟りを開いた釈尊は、悟りの内容を人びとに伝えること、つまり説法することを一旦は断念するのですが、梵天に勧められて、最終的には悟りの内容を人に伝える決断をする、梵天勧請《ぼんてんかんじょう》というエピソードです。単純な言い方をしますと、一旦はやめようと思ったけれどもやはりやろうと、こう決断をしたのです。

これが何を意味するのかということですが、まず悟りというあり方は、釈尊の体験だということができます。体験というのは、体験したことのない者にその内容を伝えることは非常に難しいです。しかも、我々よりもはるかに高い境地に釈尊は至ったわけです。高い境地から低い境地のことはわかっても、低い境地から高い境地のことはわからない、理解できないと考えられます。

これは日常的な場面でも見られます。たとえばさまざまなスポーツがありますが、一流の人たちはなぜああいうことができるのか。できない者にとっては説明の仕様がないです。逆にできる者もできない者にどうすればこういうことができるようになるのか、ということはなかなか説明ができない。何を練習してこういうことができるようになったかというのはいえるかもしれませんが、なぜ自分はそういうことができるのかと突き詰めていくと、それはやはり練習すればできるようになるとしか言いようがない。だから仏道においても結局、修行すればわかるようになるとしか言いようがない。そういう世界はあるわけです。

かつてある本にこういうことが出ていました。野球の外野手の話ですけれども、バッターがカーンと打つと、その音と、その打者のスイングとを見て、とにかく後ろを向いて走り出して、振り返って、パッと振り向くとここにボールが来ているという、そういうことができるらしいです。なぜそんなことができるんですかといわれても、おそらく説明の仕様がないですよね。それはもう今までの経験からするとここへ必ず来るはずなんだとしか言いようがないでしょう。

また、よくこういう喩え話が使われますけれども、山火事というものがあります。それこそカナダとかアメリカとか大森林のあるところでは時々、数十キロ、数百キロ四方が燃え続けることがあります。日本ではそれほど大規模なものは起こらないですけれども、山火事というのは非常に恐ろしいものです。家の火事であれば水に濡らした上着でも頭からかぶって、息を止めて、姿勢を低くして、急いで走れば火の外へ出ることができるでしょう。しかし山火事だとそうはいきません。数百キロ四方が燃えているわけですから、これほど恐ろしいことはありません。

しかし、もし私たちが魚と話ができるとして、水の中にいる魚に山火事とはどれほど恐ろしいものかということを伝えようとしても、おそらく伝わらないでしょう。水の中では物が燃えるということが起こりません。そうすると、魚はそんな経験はしたこともないし、これからも経験しません。もし魚の言葉があったとしても、そこに「火」をあらわす言葉はおそらくないでしょう。

それと同じように悟りを開いた仏という存在が、まだ悟りを開いていない者に対して、悟りとはこういうあり方なんだということを説明しようとしても、おそらく非常に難しいです。無理ではないでしょうか。釈尊が伝道を一旦断念したのも、これは無理だと考えたんですね。こんなこと伝えることができるはずはないと。しかしそこで釈尊が「これは無理だ」で終わってしまったら、仏教というものは存在しなかったわけです。釈尊が非常に難しいことだけれども伝えようと改めて説き始めたから、仏教が今存在するわけです。ですから仏教というのは、元々言葉で説明することができないことを無理に言葉で説明するという性格をもっているものだといえます。

ただしその時に、言葉で説明できないという側面に重心を置くのと、言葉で説明するという側面に重心を置くのとでは教えのスタイルが変わってきます。それこそ禅宗等は言葉で説明しないという側面に重心を置きます。とはいえ結局、言葉にならない真実、言葉では表現できない悟りそのものという側面に非常に重心を置く禅宗の教えでも、やはりそれは言葉で説明しないとダメなんだという、側面は常に持ち続けるわけです。逆に、言葉で説明するという側面に重心を置くのが浄土教という一つの教えの流れだと考えることができます。たとえば浄土のあり方を説明するのに、非常に言葉を費やした上で、最後に、「昼夜《ちゅうや》一劫《いっこう》すとも、なほいまだ尽《つ》くすことあたはじ」（『註釈版』三〇頁、『聖典』三一頁）という言い方をします。浄土の本質は、一劫という非常に長い時間、昼も夜も喋り続けても、どれだけ言葉を使っても、なお表現しきれないのです。しかしながら言葉を使うんだというスタイルの教えが浄土教です。その一方で、どれだけ言葉を費やしても表現できない、結局言葉では表現できないんだというスタイルの教えもあります。仏教の中には大別すればそういう二つの教えがあるわけです。

「情」を重要視する浄土教

◆浄土への情的アプローチ

そしてその浄土教の一つの傾向として、情というものを非常に重要視するということがあります。仏教では、私たちの心の働きを非常に細かく分けます。私たちの心のあり方は、まさに迷いというあり方です。この迷いのあり方を非常に細かく分析していくのが、いわゆる法相唯識《ほっそうゆいしき》という仏教の中の一つの教えのスタイルです。迷いというあり方を非常に細かく丁寧に分析することによって、その迷いを離れていくという教えのスタイルをとっているわけです。

それほど細かいスタイルではありませんが、西洋でも「知・情・意」と心の働きを三つに分ける方法があります。まず「知る」という働きは、人間の心の知性の側面です。それから「情」は、怒ったり、笑ったり、嬉しかったり、悲しんだりする感情です。それから「意」というのは意志で、何かするのだという心の働き、この講義が終わったらどこへ行くのだという心の働きです。まとめていえば、知はものを知ってそれを分析していくような心の働き、情は何か出来事に出会って喜んだり悲しんだり怒ったりする心の働き、意は自分の行動を決めるという心の働きです。

このことを仏教に当てはめて悟りへのアプローチを考えてみると、知的な側面でアプローチしていく仏教は先ほどいいました、迷いのあり方を物凄く細かく考えていく法相唯識が当てはまります。やはり相当頭がよくないとこの仏道を歩むことはできないのではないでしょうか。理解しただけでは駄目で、理解に基づく修行をしていくのですが、修行の前提としてそういう非常に複雑な構造を理解しないといけないということがあります。もちろんこの三つの側面が一つだけという仏道はあり得ません。三つの側面が絡み合っています。たとえば比叡山で行われている行には強い意志が必要です。親鸞もおそらくしたであろう常行三昧という行があります。九十日の間、横になって眠ることが許されないという行は、意志の力だけでできるわけでもないでしょうが、しかし少なくとも意志の弱い人にはできません。

そういう点から見ると、仏教の中の一つの流れとして浄土教は知ではなく情を主としてアプローチしていくスタイルを持っているのだと考えることができます。道綽の『安楽集』の中に、

もしここにおいて進趣《しんしゅ》せんと欲《ほっ》せば、勝果《しょうか》階《かな》ひがたし。ただ浄土《じょうど》の一門《もん》のみありて、情《じょう》をもつて悕《ねが》ひて趣入《しゅにゅう》すべし。（『註釈版七祖篇』一八四頁、『聖典全書』一・五七五頁）

とあります。本来、仏教ではこの「情」という言葉はあまりいい意味では使われません。煩悩とか執着というような意味で言葉が使われる場合が多いです。逆にいうなら、そういう非常に煩悩的な我々の思いか

ら悟りそのものにアプローチしていくのです。これが浄土教といえるかとも思います。前に金獅子の喩えのところでもいいましたように、我々に「生まれたいな」と思わせるような世界として浄土が説かれているわけです。

もう一つ付け加えますと、経典の中で浄土が表現される時には、我々が知っているようなあり方で世界が表現されています。たとえば、浄土には美しい声で鳴く鳥がいると説かれる場合は、我々の知っている一番素晴らしい鳥の鳴き声を挙げて、それよりもはるかに素晴らしい、という説明の仕方がされます。そしてその後に、その鳥の鳴き声を聞くと、私たちには悟りを求めようという心が起こってくるんだ、という説き方がされている。素晴らしい鳥の鳴き声という形を取っていたとしても、それは悟りそのものが世界として展開しているんだから、それは悟りそのものがそのように表現されているんだ、という説き方が経典でなされています。これは一例ですが、そういう説き方によって私たちに浄土という方向へ目を向けさせる教えが浄土教であり、迷いと悟りが違うという立場に立ってこそ、情的な把握でもって世界が説かれ、迷いの私たちにはそれが非常に受け止めやすくなるということがあります。

◆親鸞に見られる宗教感情

では、親鸞に見られる宗教感情とは一体どのように示されてくるのでしょうか。『教行信証』は、非常に理性的な書き方がされています。ある意味で淡々と書かれている、淡々と論理が展開していく書物だということができるわけですが、時々、感情があらわれた文章が出てくるんですね。たとえば『教行信証』

の「総序《そうじょ》」です。『教行信証』全体の序文ですけれども、こういう文章があります。

誠《まこと》なるかな、摂取不捨《せっしゅふしゃ》の真言《しんごん》、超世希有《ちょうせけう》の正法《しょうぼう》、聞思《もんし》して遅慮《ちりょ》することなかれ。ここに愚禿釈《ぐとくしゃく》の親《しん》鸞《らん》、慶《よろこ》ばしいかな、西蕃《せいばん》・月支《げっし》の聖典《しょうてん》、東夏《とうか》（中国）・日域《じちいき》（日本）の師釈《ししゃく》に、遇《あ》ひがたくしていま遇《あ》ふことを得《え》たり、聞《き》きがたくしてすでに聞《き》くことを得《え》たり。真宗《しんしゅう》の教行証《きょうぎょうしょう》を敬信《きょうしん》して、ことに如来《にょらい》の恩徳《おんどく》の深《ふか》きことを知《し》んぬ。ここをもつて聞《き》くところを慶《よろこ》び、獲《う》るところを嘆《たん》ずるなりと。

（『註釈版』一三二頁、『聖典』一五〇頁）

「誠なるかな」とあり「本当だなあ」という言葉が出てきます。次には「慶ばしいかな」とあり「うれしいなあ」という言葉が出てきます。そしてこれも有名な言葉ですけれども「信文類《しんもんるい》」には、

まことに知《し》んぬ、悲《かな》しきかな愚禿鸞《ぐとくらん》、愛欲《あいよく》の広海《こうかい》に沈没《ちんもつ》し、名利《みょうり》の太山《たいせん》に迷惑《めいわく》して、定聚《じょうじゅ》の数《かず》に入《い》ることを喜《よろこ》ばず、真証《しんしょう》の証《さとり》に近《ちか》づくことを快《たの》しまざることを、恥《は》づべし傷《いた》むべしと。

（『註釈版』二六六頁、『聖典』二五一頁）

と「悲しきかな」とあり「ああ何と悲しいことか」という言葉が出てきます。続くところには「悲しいなあ、私はこういう存在だ。何と恥ずかしいことだ。何といたましいことだ」という思いがあらわれています。「化身土文類」の一番最後のところでは、

慶《よろこ》ばしいかな、心《こころ》を弘誓《ぐぜい》の仏地《ぶつじ》に樹《た》て、念《おもい》を難思《なんじ》の法海《ほうかい》に流《なが》す。深《ふか》く如来《にょらい》の矜哀《こうあい》を知《し》りて、まことに師教《しきょう》の恩厚《おんこう》を仰《あお》ぐ。慶喜《きょうき》いよいよ至《いた》り、至孝《しこう》いよいよ重《おも》し。

（『註釈版』四七三頁、『聖典』四〇〇頁）

と「よろこばしいな、うれしいな、なんとうれしいことだ」という言葉が出てきます。

あるいは『歎異抄《たんにしょう》』になりますと、

弥陀《みだ》の五劫思惟《ごこうしゆい》の願《がん》をよくよく案《あん》ずれば、ひとへに親鸞一人《しんらんいちにん》がためなりけり。さればそれほどの業《ごう》をもちける身《み》にてありけるを、たすけんとおぼしめしたちける本願《ほんがん》のかたじけなさよ

（『註釈版』八五三頁、『聖典』六四〇頁）

と「なんとありがたいことだ。こんな私を救おうという願いを建ててくださるとは」という、非常に感情的な、情的な表現です。

他には「消息《しょうそく》」つまり手紙には、

かくねむばうの御《おん》こと、かたがたあはれに存《ぞん》じ候《そうろ》ふ。親鸞《しんらん》はさきだちまゐらせ候《そうら》はんずらんと、まちまゐらせてこそ候《そうら》ひつるに、さきだたせたまひ候《そうろ》ふこと、申《もう》すばかりなく候《そうろ》ふ。かくしんばう、ふるとしごろは、かならずかならずさきだちてまたせたまひ候《そうろ》ふらん。かならずかならずまゐりあふべく候《そうら》へば、申《もう》すにおよばず候《そうろ》ふ。

（『註釈版』七六九～七七〇頁、『聖典』六一〇～六一一頁）

とあって、覚念房《かくねんぼう》や覚信房《かくしんぼう》といったお弟子さんが先に亡くなっていかれたが、同じ浄土で先に待っていてくれるだろうと述べられています。また、

この身《み》は、いまは、としきはまりて候《そうら》へば、さだめてさきだちて往生《おうじょう》し候《そうら》はんずれば、浄土《じょうど》にてかならずかならずまちまゐらせ候《そうろ》ふべし。

（『註釈版』七八五頁、『聖典』六〇七頁）

と、自分もかなり歳をとってきているから、きっと先に浄土に生まれて往くであろう。浄土で必ず待っている、同じ所へ往生するのを待っているとあります。これも非常に情的な理解、アプローチだということ

ができます。

私も、特に大事な人を亡くした経験があります。とはいってもお父さんお母さんとか、あるいはお祖父さんお祖母さんとか、そういう人を亡くすというのは、ある意味、どこかに当然という思いもあるんですよね。親を送るのは子どもの義務であるということもできます。子どもからしたら、親を送っていかなくてはいけないという心が普段からどこかにありますよね。亡くなるのがあまりにも急な時にはショックが大きいですが、病気などでしばらく悪い状態が続けば、覚悟していたことでもありますから、わりあいに受け容れることができます。ただ、逆は大変です。子どもを亡くされた時のお通夜とかお葬式は、言葉が出てきません。しかし、そういう場面においても、一旦は別れてもまた出会う世界を持つことができるんだというのは、非常に大きな安らぎをもたらしてくれます。理屈で本当にそんな世界があるのか無いのかという問題ではなくて、少なくとも、そういう世界があるんだということをまったく聞いたことがない人と、普段からずっと聞いている人とでは、まさに受け容れ方というものも違ってきます。自分の大事な人と別れた時に、また出会う世界があるんだということを全然聞いたことがない人にとっては、別れは別れっぱなしという思いでしか受け取ることができません。しかし、また出会うことができる世界があると普段から聞いていた人は、悲しいことは悲しいけれども、その悲しみの中に、また一面、どこかに安らぎというものを持つことができます。これは知的な世界ではないんですね。頭で考えてどうこうという世界ではなく、感性で捉える世界です。浄土というのは、知性ではなく感性で捉える世界なんだと押さえることができます。

浄土宗の人は愚者になりて往生す

浄土は知性で捉える世界ではないということが、親鸞の手紙の中にも出てきます。

> 故法然聖人《こほうねんしょうにん》は、「浄土宗《じょうどしゅう》の人《ひと》は愚者《ぐしゃ》になりて往生《おうじょう》す」と候《そうら》ひしことを、たしかにうけたまはり候《そうら》ひしうへに、ものもおぼえぬあさましきひとびとのまゐりたるを御覧《ごらん》じては、「往生必定《おうじょうひつじょう》すべし」とて、笑《え》ませたまひしを、みまゐらせ候《そうら》ひき。文沙汰《ふみざた》して、さかさかしきひとのまゐりたるをば、「往《おう》生《じょう》はいかがあらんずらん」と、たしかにうけたまはりき。いまにいたるまで、おもひあはせられ候《そうろ》ふなり。
>
> （『註釈版』七七一頁、『聖典』六〇三頁）

この手紙は、日付が残っている手紙の中では親鸞のもっとも晩年に書かれた手紙です。八十八歳の時です。その中で、親鸞が若い頃に師である法然から確かに聞いた言葉として書かれた部分です。法然が、「浄土宗の教えというのは、愚か者になって浄土に生まれて往くんだ」と述べていたことが思い出されるとあります。愚か者になって浄土に生まれて往くということは、たとえば法然のもとに、「ものもおぼえぬあさましきひとびと」が来ます。「おぼえる」というのは大体「わかる」ということです。「覚」という字を書きますけれども、覚というのはわかる、悟るという意味です。よくものの わからない人が来て、「ああ、浄土へ生まれることができる。お念仏はありがたいなあ」というのを見て、法然は「間違いなくこの人は浄土へ生まれて往くだろう」と微笑まれた。それに対して「文沙汰して、さかさかしきひと」。たとえば「お経にはこういうことが書いてある」「善導大師《ぜんどうだいし》はこういうことをいった」などと理屈ぶっていろいろいうような人が来ると法然は、「あの人は本当にお浄土へ生まれることができるんだろうか」と、心配をしたということです。

これは知的な理解は役に立たないということをいっているわけです。知的能力を持った人でないと浄土真宗の教えがわからないわけではありません。逆に、知的能力がある方が邪魔になる場合があります。知的能力で理解しようとしてしまうので、逆にわからなくなってしまうのです。そういうものは逆に邪魔になることがあるんだということを、ここでいわれているわけです。この浄土教の教えを受け容れる時に、知的な理解で受け容れようとすると、「そんなおとぎ話が」ということになってきますけれども、そうではなくて、やはり感性として受け止めていく。浄土というのは基本的にはそういう世界なのです。

◆浄土が西にある理由

そういうことからいいますと、浄土が西にあるというのは一体何を意味するのでしょうか。このことについてさまざまな説明がなされます。たとえば、西側という方向は、月が沈み日が沈み、みなそちらへ沈んでいきます。私たちの感覚的な捉え方からいいますと、東というのはものが生まれてくる方向であり、西というのは死んでいく方向だというのが一つの捉え方です。私たちが死ぬということは西の方へ行くんだという捉え方をして、私たちが死んでいくその先に、仏の世界があるんだということを、西の方角をもって表現されています。

私も広いアメリカへ行って初めて知ったのですが、ひたすら平ら、四方に地平線がみえる、そんな広大なところをまっすぐに自動車で走ったことがあります。その時に東から西へ向かっていますと、周りが真っ暗なのに西の方だけ明るいということがあるんですね。日が沈み上を見ると星が見えている。しかし西の方だけなんだか明るいのです。仏教において迷いというあり方は無明《むみょう》といわれます。それは本当に暗闇の世界なんだけれど、そこに届く光の世界があるんだということを表現するのにぴったりな光景が西にあるのです。日本ではなかなかそういう経験ができませんから、わからないんですけれども、おそらくインドとか、あるいは平野部が非常に広いところへ行くと、そういう経験ができるんだろうと思います。浄土という世界は、知的に理屈でどうだこうだというよりも、基本的には感覚的に捉えていく世界だということです。

逆にいうと、悟りそのものは知的な把握というものをある意味で拒否する世界です。知的な把握というのは、結局分析的な思考になってきます。分析というのは物を区別していく話ですから、一切の区別がなくなる世界というのは、分析的な思考では決して捉えることはできないわけです。もちろんその知的な活動で捉えられるような説明は経典の中にされてきますが、それがわからないと駄目だというわけではなくて、そういうことが全然わからなくても、浄土という世界は、実際に感性にうったえる形で説かれているのです。それによって捉えることができます。

つまり「わかる」というのはどういうことかという問題ともかかわってきます。たとえば私たちの肉体というのは、全体としては比重が一より小さく、水に浮くようにできあがっています。特に海水だったら非常に浮きやすいわけです。それと同時に、作用反作用の法則というものがあります。私たちが何かを押すと、何かも私たちを押し返します。ということは水を押すと、水も私たちを押し返します。押し返された私はどうなるかというと、押し返された方向へ進むんですね。水を後ろに押すと、私たちの身体は前に行きます。つまり何が起こるのかというと、そこで「泳ぎ」ということが成立するのです。

私たちはなぜ水に浮くのか。泳ぎがなぜ成立するのか。水を押す時にどういうふうに押せば効率的に前に行くのかということがいくら理屈でわかっていても、その人が実際には泳げなかったら、その人は泳ぎということをわかっていないということになります。逆にそういう理屈は一切知らなくても、子どもの頃から水の中で遊び回って、自由自在に泳ぐことができる人は、泳ぎというものが本当にわかっているといえますよね。

浄土という世界の理解も、ある意味そういう側面があります。理屈で理解できるところは当然あるんです。きちんと説明もしてあります。これまでお話ししてきた内容の中でも、実は、浄土を知的に説明してきた部分もあるわけです。けれどもそれがわかったからといって、浄土という世界を感性で捉えることができなかったら、浄土が本当にわかったとはいえません。逆に、こんな理屈は何も知らなくても、浄土を感性で捉えることができたなら、その人の方が浄土のことがわかっているということができます。浄土という世界は、そういうものなんです。

たとえば「西の方に浄土なんかあるはずがない。そんなものは昔の人の迷信みたいなもので存在しないんだ」という人もいます。しかし我々の行動というのはコンピュータのような計算の上に成り立っているわけじゃないですよね。ある意味で、非常に非合理、不条理な行動を取ったりします。矛盾に満ちた我々の感情、そこに清らかな宗教感情をわき出させてくれるのが、往生浄土の教えだと捉えることができます。

その意味で往生浄土の教えというのは、高邁《こうまい》な理論を弄ぶ、観念の遊戯に堕することを教えるのではありません。

また「仏教は無我を説く。自と他というような区別をなくしてしまうのが仏教の悟りなんだ。だから、この世界とは別に浄土という世界を考えること自体が、逆にとらわれを増やすことにしかならないんだ。我々はまさに無我的な生き方を目指すべきだ」という言い方をされる方もいます。これは仏教的な理屈としては非常に高度なものなんですけれども、一方で自分自身はというと、まさに我執《がしゅう》の塊であるわけです。そういう執着の塊である自分自身をどこかよそへ置いておいて、無我だ無我だといっても、あまり意味がありません。高邁な理論を弄ぶのを仏教では「戯論《けろん》」といいます。こういう浄土の理解は、実際、単なる言葉の遊び、理屈の遊びに過ぎないといえます。仏教は観念の遊戯に堕することを教えるものではないのです。浄土の教えをそのように高邁な理論をもって理解してみたとしても、実際的にはそのようなものは何の意味もありません。

往生浄土の教えとは、日常生活において、泣いたり笑ったり怒ったりする普通の人々の非常に素朴な感情に対応し、それを受け容れ、包み込んでいく、そんな教えだと捉えていただいたらよいかと思います。

第五章

「私を救う仏」としての阿弥陀仏

一、現代人は阿弥陀仏をどのように考えるか

真宗学というもの、真宗の教義の中身を学んでいくということについて、現代人として引っかかってくるのは、「浄土《じょうど》」という世界をどのように考えるのかという問題と、もう一つは「阿弥陀仏《あみだぶつ》」という仏をどのように考えるのか、という問題です。

仏教において「仏」という存在をどのように考えるのかという場合、まず最初に考えるのは「釈尊《しゃくそん》」ということになります。仏教のいう「釈尊」とは、具体的にこの世界に存在した仏です。釈尊の位置付けは、後の時代の我々にとりましては、仏教という教えを説いた仏なのだということになるわけで、「仏」ということを「釈尊」と考えるのならば、問題は別に何も起こってきません。

ところが、それが「阿弥陀仏」ということになってきますと、経典の中に説かれてくる阿弥陀仏を、何も予備知識なしに聞きますと、現代人にとってはおそらくおとぎ話にしか聞こえないですよね。少なくとも歴史的事実とは考えられません。現代人は二分法です。歴史的事実でなかったら、それはおとぎ話であ

るという受け止め方しかおそらくできないと思います。

しかし、真宗教義におきまして、阿弥陀仏の存在は非常に重要な位置を占めてきます。阿弥陀仏が成立しなかったら、真宗教義は成立しません。その時には存在とは何かという問題も考えていかなければいけないですが、同時に阿弥陀仏という仏は、一体どういう仏として我々は理解するべきなのかということを明確にしておくことが必要になってきます。先ほど述べた内容をもう一度まとめておきましょう。

まず経典の説かれ方です。昔々、さまざまな仏がこの世の中に出現をして、最後に世自在王仏《せじざいおうぶつ》という仏が出てきた。この最後というのに異論がありますが、しかし基本的にはやはり最後と考えられます。この世自在王仏の時代に、一人の国王がいて、世自在王仏の説法を聞いて非常に感動した。自分も世自在王仏のような仏に成りたいという思いを発《おこ》して、国王の位も捨て、国も捨て、出家をして、法蔵《ほうぞう》と名乗った。そしてその法蔵が、世自在王仏の教えを受けて、四十八の願いを発し、その願いを完成するために、長い長い修行をして、そして阿弥陀仏と成ったんだと説かれています。

みなさん方どうですか。そういう阿弥陀仏がいるんだという概念を簡単に受け容れることはできますか。現代人にとっては、なかなか簡単には受け容れられませんよね。それこそ江戸時代頃までの人だったらある程度、経典に説かれているんだからこれは真実だと、素直に受け止めていたわけですが、私も含めて現代人にはそういう素直さはないですからね。そうするとやはり、そういう形で説かれている阿弥陀仏という仏は一体どういう仏なのか。浄土と阿弥陀仏に対する、それなりの自分の考えがしっかりしていなかったならば、浄土真宗の教義はほとんど何の意味も持たないわけです。ですからそれを受けて、その救済者としての阿弥陀仏という仏を一体どういう仏として捉えればいいのか、ということになります。

ここで結論めいたことだけを先にいっておきますが、実は浄土というものと、阿弥陀仏というものをどう捉えていくのかというのはやはり、悟りをどう捉えていくのかという問題でもあるわけです。迷いと悟りの関係が、違っていて同じであり、同じであって違うんだということは、前に説明した波と水の喩えがまず基本です。さまざまなあり方というものは、さまざまな条件によってそうなっているということです。それはあたかも波のようなあり方です。さまざまな条件、満ち潮か引き潮か、風がどう吹いているのか、打ち寄せる海岸は砂浜なのか岩だらけなのかという、そのようなさまざまな条件によって波の形は変化し続け、しかも、ある波と他の波とは違う形をとっています。なぜ違うのかというと条件が違うからです。しかし、一つ一つの波はみな違うけれども、水だという側面で見るとみな同じだという関係です。

そのような関係で見ると、迷いと悟りというあり方が違うのは、まさに条件が違うから迷いというあり方になり、悟りというあり方になるのです。しかし本質は同じというのが仏教の一番基本的な考え方だということができます。その迷いと悟りのあり方が、浄土という世界をどう考えていくのか、阿弥陀仏という仏をどう考えていくのかということの基本にあるわけです。

たとえば迷いというあり方を場所的に表現すると、「穢土《えど》」という言葉で表現されます。穢《けが》れた世界です。悟りというあり方を場所的に表現すると、「浄土」という言葉で表現されます。

そして迷いというあり方を人格的に表現すると、まさに私ということになります。そして悟りというあり方を人格的に表現すると、仏ということになります。どんな仏でもいいというのではなくて、浄土教《じょうどきょう》においてはやはりそこに阿弥陀仏という仏を見ていくわけです。
そういうことを考えながら、まずは親鸞《しんらん》の阿弥陀仏の見方をうかがうところから始めましょう。

二、阿弥陀仏の三つの面

親鸞は阿弥陀仏についてどう説明しているのかというと、大体三つの面からそれを見ていくことができます。一つには衆生《しゅじょう》救済の仏として、二つには、因願酬報《いんがんしゅうほう》の仏として、三つには、二種法身《にしゅほっしん》の方便法身《ほうべんほっしん》として見ています。

衆生救済の仏

まず一つ目の衆生救済の仏です。これは、もっと端的にいうなら「私を救う仏」という捉え方です。私を救う仏が阿弥陀仏であるということです。逆にいうと、私を救わなかったら阿弥陀仏ではないんだということになります。和讃《わさん》では、

十方微塵世界《じっぽうみじんせかい》の　念仏《ねんぶつ》の衆生《しゅじょう》をみそなはし
摂取《せっしゅ》してすてざれば　阿弥陀《あみだ》となづけたてまつる
（『註釈版』五七一頁、『聖典』四八六頁）

といいます。念仏の衆生を摂め取って捨てないから「阿弥陀仏」と名付けられるんだということです。もっとわかりやすくいうと、私をかならず救ってくれる仏だから阿弥陀仏と名付けることができるんだ。私

を救えないような仏なら阿弥陀仏とはいえないんだ、という捉え方ですね。まず一つ親鸞にはこういう捉え方があります。

因願酬報の仏

二つ目は、因願酬報の仏。願いに報《むく》いて完成した仏です。法蔵という名前の菩薩《ぼさつ》の時に、四十八の願いを発している。菩薩の願いというのは、基本的には「私はこういう仏に成るんだ」という願いなんですね。いま特にここでいわれているのは、その願いは「もし私が仏に成る時に、私の光に限りがあるようだったら、私は決して悟りは開かない、私は光に限りのない仏に成るんだ」という願いです。もう一つは、「もし私が仏に成る時に、私の寿《いのち》に限りがあるようだったら、私は決して仏には成らない、悟りは開かない」という願いです。つまり言い換えると「私は光と寿に限りない仏に成るんだ」という願いを発して、その願いが完成した仏が阿弥陀仏なんだという説明の仕方があります。

そもそも「アミダ」という言葉自体が、最初の「ア」というのは否定の接頭辞《せっとうじ》で「ミタ」というのは「はかる」という意味です。だから「アミダ」というのは「はかれない」です。何がはかれないのかというと、サンスクリット語の原語を見ると、「アミターバー」「アミターユス」という言葉で表現されます。アミターバーは光がはかれない、アミターユスは寿がはかれないということですから、「阿弥陀」という名前そのものが、光限りない、寿限りない、ということをあらわしているわけです。

「そういう菩薩がいて、そういう願いを建てたから、そういう仏がいるんだ」という説明の仕方で『大《だい》経《きょう》』には出てきます。法蔵という比丘《びく》が、四十八の願いを発して、果てしない修行を積んだと釈尊が説いた時に、弟子の阿難《あなん》が「法蔵菩薩は既に仏に成ってもうお隠れになってしまったんでしょうか。それとも、まだ仏に成っておられないんでしょうか。それとも既に悟りを開いて仏に成って、今現においでになるんでしょうか」という質問をします。その質問に対して釈尊は、「法蔵菩薩は既に阿弥陀仏という仏に成っておられて、今現に西の方におられる」と、今現にいるんだと答えます。単に寿の限りない仏に成りたい、光の限りない仏に成りたいという願いだけではなくて、もっともっと根本的には、一切の生きとし生けるものを救いたいという願いがあるのです。ではその願いはどうなっているのか。その願いは一旦は完成されたけれども期限切れなのか。それとも、まだ完成されていないのか。それとも、すでに完成されて、今現にはたらき続けているのかという質問です。そして、阿弥陀仏として成仏して、今現に西の方におられるという答えは、その四十八の願いは全部完成されている。願い通りになっていて、今現在はたらいているということを表現していることになります。

二種法身の仏

三つ目は、二種法身の仏、特に方便法身です。親鸞は仏を説明するのに、「二種法身」という概念を使っています。二種法身とは元々、曇鸞《どんらん》の『往生論註《おうじょうろんちゅう》』の中に出てくるんですけれども、『唯信鈔文意《ゆいしんしょうもんい》』には、

法身《ほっしん》はいろもなし、かたちもましまさず。しかれば、こころもおよばれず、ことばもたえたり。この

一如《いちにょ》よりかたちをあらはして、方便法身《ほうべんほっしん》と申《もう》す御《おん》すがたをしめして、法蔵比丘《ほうぞうびく》となのりたまひて、不可思議《ふかしぎ》の大誓願《だいせいがん》をおこしてあらはれたまふ御《おん》かたちをば、世親菩薩《せしんぼさつ》（天親）は「尽十方無礙光如来《じんじっぽうむげこうにょらい》」となづけたてまつりたまへり。この如来《にょらい》を報身《ほうじん》と申《もう》す。誓願《せいがん》の業因《ごういん》に報《むく》ひたまへるゆゑに報身如来《ほうじんにょらい》と申《もう》すなり。報《ほう》と申《もう》すは、たねにむくひたるなり。

（『註釈版』七〇九～七一〇頁、『聖典』五五四頁）

という説明がされています。この「法身は」という最初の法身が「法性《ほっしょう》法身」といわれます。『一念多念文意《いちねんたねんもんい》』という書物には、

この一如宝海《いちにょほうかい》よりかたちをあらはして、法蔵菩薩《ほうぞうぼさつ》となのりたまひて、無礙《むげ》のちかひをおこしたまふをたねとして、阿弥陀仏《あみだぶつ》となりたまふがゆゑに、報身如来《ほうじんにょらい》と申《もう》すなり。これを尽十方無礙光仏《じんじっぽうむげこうぶつ》となづけたてまつれるなり。この如来《にょらい》を、南無不可思議光仏《なもふかしぎこうぶつ》とも申《もう》すなり。この如来《にょらい》を、方便法身《ほうべんほっしん》とは申《もう》すなり。方便《ほうべん》と申《もう》すは、かたちをあらはし、御《み》なをしめして、衆生《しゅじょう》にしらしめたまふを申《もう》すなり。すなはち阿弥陀仏《あみだぶつ》なり。

（『註釈版』六九〇～六九一頁、『聖典』五四三頁）

という説明がされています。初めに「この一如宝海」といわれているのが法性法身です。

◆真理そのものとしての仏――法性法身――

まず法性法身については、『唯信鈔文意』では「いろもなし、かたちもましまさず。しかれば、こころもおよばれず、ことばもたえたり」という言い方がされています。色もないし形もありません。ここまではわかります。だから、心で考えることもできず、言葉で表現することもできません。法性法身というの

はある意味、悟りそのものということができます。現代の人たちにとっては、「悟りそのもの」というよりも、「真理そのもの」といったほうがわかりやすいかもしれません。仏教ではその真理そのものを「真《しん》如《にょ》」とか「一如」とか「法性」とか、さまざまに表現しています。

仏とはそれを悟った存在だといわれます。仏教では、悟るというのはわかるということです。本当にわかるためには、そのものになり切らないとわかりません。そのものになり切ることによって、そのものが本当にわかります。そういう意味からいうと、真理そのもの、真如、一如を本当に知るためには、自分が真理そのものになり切らないと駄目なのです。真理そのものになり切ってこそ、初めて真理そのものが本当にわかるということです。

ところで仏教では弥勒菩薩《みろくぼさつ》という存在を説きます。弥勒菩薩というのは、あと一段上がると仏に成ることができるという菩薩です。その一段はどういう一段かということについて、次のような説明がされたりします。弥勒菩薩は「私は真如を悟った」という意識があり、仏は「私は真如を悟った」という意識さえないというのです。なぜかというと、私は真如を悟ったという意識がある間は、「悟る私」と「悟られる真如」は分裂しているからです。そうすると、それはまだ本当に真如をわかったということにはなりません。本当にわかるということは、一つになることです。一つになった時には「悟る私」と「悟られる真如」の区別はなくなってしまうから、そこでは「私は真如を悟った」という意識はもはや存在しません。弥勒菩薩と仏との違いは、ただその一点、真如を悟ったという意識があるのかないのかという、ただそれだけです。ただ、その意識を消すのにやたらと長い時間がかかります。やたらと長い時間がかかるというのは、無茶苦茶に難しいということをいっているわけです。そんな簡単にできることではないから時間をかけないと駄目なんだ、と考えることができます。

　真理はどこにでも存在します。ということは、真理＝仏であると考えた時には、仏はどこにでも存在するということになります。『涅槃経《ねはんぎょう》』（『仏説大般泥洹経《ぶっせつだいはつないおんぎょう》』）には「法身常住《じょうじゅう》」という言葉が出てきます。悟りそのもの、真理そのものを仏と見た時には、仏はずっと存在し続けているんだということです。今ここにも当然、法身という仏はいます。真理はいつでもどこにでもあるわけですから。けれどそういう領域は、一切の区別がなくなったあり方だということです。

　一方、私たちが見ているのはさまざまな違った姿です。みなさん方、一人ひとりの顔は違いますよね。私の方から見渡してみても違います。着ているものは着替えたら済むだけの話ですけども、身体つきも違う。それは波が一つ一つ違うようなものです。私たちは波が違うという見方はできますが、みな同じ水だという見方はできません。みな同じ水だからみな平等、何の違いもないというように見ることができません。その何の違いもないというあり方が真如とか一如、みな一つということです。二つ、三つがあるわけではありません。それが真理であり、それを仏と位置付けます。

　何の区別もないものは、言葉で違いを表現することはできません。言葉はものを区別するための道具ですから。そうすると前にもいいましたが、「区別がないという言葉で表現できませんか」という人が時々いますが、「区別がない」という表現は「区別がある」ということと区別しているんです。「区別がある」と「区別がない」を区別している。そもそも私たちのものの考え方はそういう考え方しかできないわけですね。一切の区別がないというあり方を、私たちは考えられません。ですから「こころもおよばれず、ことばもたえたり」といわれるのです。

◆私たちにわからせる仏――方便法身――

方便法身というのは、真理が区別のない世界から、区別のある世界へ出てきたというふうに言い換えることができます。区別のない世界では、迷いと悟りの区別もありません。仏と衆生の区別もありません。浄土と穢土の区別もありません。そういう区別のない世界から、区別のある世界へ。区別がないということを本質とはしているけれども、できあがってきたものはやはり区別のあるものとしてできあがってきています。区別があるから、私と阿弥陀仏は違います。浄土と穢土とも違うというあり方で、表現がされてきます。

『大経』では、仏に成るというのはどれほど難しいことかを表現するのに、法蔵と名乗る菩薩が「兆載《ちょうさい》永劫《ようごう》」という長い長い時間をかけて阿弥陀仏に成ったと説明されます。これが方便法身です。方便法身という仏は言葉で説明された仏、表現の世界に出てきた仏だと考えることができます。それから、先ほども説明したように、昔々さまざまな仏が出て、最後に世自在王仏という仏が出て、そこに一人の国王がいて、出家して、法蔵と名乗って四十八の願いを発して、その願いを完成して、阿弥陀仏と成ったのだと、言葉で説明されます。方便法身という仏は言葉で説明された仏だと、表現の世界にあらわれたのが方便法身だと考えることができます。

一つ注意を払っていただきたいのは、方便法身と因願酬報の仏、これは報身仏《ほうじんぶつ》という言い方がされますが、方便法身と報身仏は必ずしもイコールではないことです。報身仏というのは、悟りを開いた仏のところだけでいいますので、阿弥陀仏は報身仏ということになります。ところが方便法身の場合は阿弥陀仏だけをいうのではなくて、法蔵菩薩から方便法身なんです。菩薩が願いを発して、その願いを完成するためにさまざまな修行をして、そして仏に成ったという構造、その構造全体を方便法身という言葉で親鸞は表現しています。このことには少し注意を払っておく必要があります。

そして、その方便について『一念多念文意』に、

方便《ほうべん》と申《もう》すは、かたちをあらはし、御《み》なをしめして、衆生《しゅじょう》にしらしめたまふを申《もう》すなり。

(『註釈版』六九一頁、『聖典』五四三頁)

とあります。我々にわからせるために方便法身という形をとっている。つまり一切の生きとし生けるものを救いたいという願いを発して、その願いが完成されたところに阿弥陀仏という仏が存在するのだということを我々に知らせるためにです。それがすなわち方便法身の意義ということになります。一切の生きとし生けるものを救いたいという願いを発すということは、『歎異抄《たんにしょう》』になりますと、

弥陀《みだ》の五劫思惟《ごこうしゆい》の願《がん》をよくよく案《あん》ずれば、ひとへに親鸞一人《しんらんいちにん》がためなりけり。

(『註釈版』八五三頁、『聖典』六四〇頁)

というように、私を救うために願いを発して、私を救う仏として今現に活動していることを知らせる、これが方便法身なんだということになってきます。結局、二種法身の方便法身も衆生を救うための仏である

ということにおさまることになります。

三つの面の帰結

以上のように三つの見方が示されています。親鸞においては阿弥陀仏という仏は私を救う仏なのだというのがまず第一点です。第二点は法蔵菩薩という菩薩の位の時に発した願いが完成して成った仏だということです。因の時の願に報いて仏に成った、因願酬報の仏です。第三点は二種法身です。色もなく形もない、心で考えることもできない、言葉で表現することもできない、そういう真実が言葉で表現された世界にあらわれてきたのが阿弥陀仏なのだということです。この三面の捉え方を親鸞の上に見ることができます。

そしてこの三面は、「衆生救済の仏」、もっといいますと「私を救う仏」だとまとめることができます。すなわち因願酬報の仏、これは法蔵という菩薩の位の時に願いを発しました。具体的には、阿弥陀仏に成るための願いとして、光が限りなく寿が限りないという願いを発していると経典の中には説かれています。光限りなく寿限りない仏に成るのだという願いを発して、その結果、阿弥陀仏として成仏したということです。

では光限りなく寿限りないとは一体何を意味しているのでしょうか。これはさまざまな解釈がありますが、一番わかりやすいところでいうのならば、光限りないということは阿弥陀仏の救いのはたらきがどこまでも届くということを意味しています。そして寿限りないという表現は、阿弥陀仏の救いがいつまでもいつの時代までも、ずっと未来の生きとし生けるものにまでもはたらいていくのだということを意味しているわけですね。阿弥陀仏の救いが時間的空間的に無限だということを表現しているのが、光限りない、寿限りないという阿弥陀仏の属性だと考えることができます。法蔵菩薩は、光限りなく寿限りない仏に成りたい、そういう願いを発して阿弥陀仏と成りました。あまり遠くの者は救えないということでは、すべての生きとし生けるものは救えません。そして仏に成ってからある期間までしか生きていないということになりますと、その後の者は救われないということになってきますので、結局一切の生きとし生けるものを救うための願いなんだと捉えることができます。

そしてその次の二種法身の方便法身ですが、これも「因願酬報の仏」におさめられてきます。たとえば『唯信鈔文意』の文です。

この一如《いちにょ》よりかたちをあらはして、方便法身《ほうべんほっしん》と申《もう》す御《おん》すがたをしめして、法蔵比丘《ほうぞうびく》となのりたまひて、不可思議《ふかしぎ》の大誓願《だいせいがん》をおこしてあらはれたまふ御《おん》かたちをば、世親菩薩《せしんぼさつ》（天親）は「尽十方無礙光如来《じんじっぽうむげこうにょらい》」となづけたてまつりたまへり。この如来《にょらい》を報身《ほうじん》と申《もう》す。誓願《せいがん》の業因《ごういん》に報《むく》ひたまへるゆゑに報身如来《ほうじんにょらい》と申《もう》すなり。報《ほう》と申《もう》すは、たねにむくひたるなり。

（『註釈版』七一〇頁、『聖典』五五四頁）

と、このように親鸞は方便法身について述べています。一如という心で考えることもできない、言葉で表現することもできない真理そのものから形をあらわして、方便法身を示して法蔵菩薩と名乗った。そして不可思議の大誓願を発して阿弥陀仏となった、という構造が示されています。

三、阿弥陀仏と衆生の二而不二

悟りの人格的表現としての阿弥陀仏

前章の浄土のところでも説明したことですけれど、阿弥陀仏をどう捉えるのか考える時に、基礎にあるのが、「迷い」と「悟り」が違っていて同じであるという、二而不二《ににふに》の関係です。

この章の最初で説明したように、阿弥陀仏という仏は、まさに悟りの人格的な表現だと捉えることができます。その時に、迷いと悟りは同じという側面からすれば、私の心の中に阿弥陀仏がいるんだという捉え方になってきます。また私の心の中にいる悟りを磨き出せば、私が阿弥陀仏に成るんだという捉え方にもなってきます。しかし、私と阿弥陀仏は違うという側面からすれば、阿弥陀仏はここから遠く離れた極楽《ごくらく》という世界におられるんだという捉え方になってきます。

仏教である以上、どちらも正しい。迷いと悟りは同じだということも正しいし、迷いと悟りは違うということも正しいです。しかし、私たちのものの捉え方が、基本的に「違う」という観点でしか捉えることができないのでしたら、迷いと悟りが同じだというのは、ただの観念論になってしまいます。まったく理屈倒れの話であって、そのようなものは私にとってはほとんど意味がありません。ものを区別してしか受け取ることができない私たちに対して、やはり迷いと悟りは違うものなんだと説かれてくる教えが浄土教だということになります。

親鸞における「迷い」と「悟り」

親鸞において迷悟《めいご》の二而、つまり衆生と仏はまったく相反するもの、真反対のものなんだという表現がとられてくるのが、たとえば前に紹介した、

真実《しんじつ》と申《もう》すは如来《にょらい》の御《おん》ちかひの真実《しんじつ》なるを至心《ししん》と申《もう》すなり。煩悩具足《ぼんのうぐそく》の衆生《しゅじょう》は、もとより真実《しんじつ》の心《しん》なし、清浄《しょうじょう》の心《しん》なし、濁悪邪見《じょくあくじゃけん》のゆゑなり。

（『註釈版』六四三頁、『聖典』五一二頁）

という『尊号真像銘文《そんごうしんぞうめいもん》』の文です。このように、あらゆる仏というのは真実そのものの存在です。それに対して私たちにはほんの少しの真実もないのだという表現が親鸞の上に見ることができます。

いっぽう迷悟の不二、これは衆生と仏との同質性ということになりますが、これはたとえば「正信偈《しょうしんげ》」（正信念仏偈《しょうしんねんぶつげ》）の中には、

生死《しょうじ》すなはち涅槃《ねはん》なりと証知《しょうち》せしむ。

（『註釈版』二〇六頁、『聖典』二〇六頁）

生死というのは「迷い」であり、涅槃というのは「悟り」であるから、「迷い」がそのまま悟りだと、「生死即涅槃」と示されます。あるいは『高僧和讃《こうそうわさん》』に、

本願円頓一乗《ほんがんえんどんいちじょう》は　逆悪摂《ぎゃくあくせっ》すと信知《しんち》して
煩悩《ぼんのう》・菩提体無二《ぼだいたいむに》と　すみやかにとくさとらしむ

（『註釈版』五八四頁、『聖典』四九二頁）

とありますが、煩悩というのが「迷い」を意味していて、菩提が「悟り」を意味しています。煩悩と菩提の体に二つはない、煩悩と菩提という二つのものがあるのではないといわれています。あるいは『正像《しょうぞう》末和讃《まつわさん》』には、

弥陀《みだ》の智願海水《ちがんかいすい》に　他力《たりき》の信水《しんすい》いりぬれば
真実報土《しんじつほうど》のならひにて　煩悩《ぼんのう》・菩提一味《ぼだいいちみ》なり
（『註釈版』六〇四頁、『聖典』五〇二頁）

と、煩悩と菩提というものが一つの味になってしまっているという和讃があります。「迷い」と「悟り」は違う、これを基本としながらも、仏教である以上、「迷い」と「悟り」は同じであるという側面をまったく捨ててしまうことはないわけです。必ずそういう側面を一方では踏まえています。しかし、どちらを重要視しているかというと、「迷い」と「悟り」は違うという側面を重要視した上で成り立っている、そういうスタイルの教えが往生浄土の教えだということができます。

七高僧における「迷い」と「悟り」

◆曇鸞の説示

もう少し、七高僧《しちこうそう》の説示からも説明しておきます。たとえば曇鸞の『往生論註』には、

二種《しゅ》の功徳《くどく》あり。一には有漏《うろ》の心《しん》より生《しょう》じて法性《ほっしょう》に順《じゅん》ぜず。いはゆる凡夫人天《ぼんぶにんでん》の諸善《しょぜん》、人天《にんでん》の果報《かほう》、もしは因《いん》もしは果《か》、みなこれ顛倒《てんどう》、みなこれ虚偽《こぎ》なり。このゆゑに不実《ふじつ》の功徳《くどく》と名《な》づく。
（『註釈版七祖篇』五六頁、『聖典全書』一・四五五頁）

とあります。「みなこれ顛倒、みなこれ虚偽なり」とは、ひっくり返っている、正しいあり方をしていないということです。みな空っぽであり嘘である。我々の功徳などというものは、真実の功徳ではないんだということです。あるいは、

仏本《ぶつもと》この荘厳《しょうごん》清浄功徳《しょうじょうくどく》を起《おこ》したまへる所以《ゆえん》は、三界《がい》を見《み》そなはすに、これ虚偽《こぎ》の相《そう》、これ輪転《りんでん》の相《そう》、これ無窮《むぐう》の相《そう》にして、蚇蠖《しゃっかく》　屈《かが》まり伸《の》ぶる虫《むし》なり　の循環《じゅんかん》するがごとく、蚕繭《さんけん》　蚕衣《さんえ》なり　の自縛《じばく》するがごとし。あはれなるかな衆生《しゅじょう》、この三界《がい》に締《しば》結《むす》びて解《と》けず　られて、顛倒《てんどう》・不浄《ふじょう》なり。

（『註釈版七祖篇』五七頁、『聖典全書』一・四五六頁）

とあります。曇鸞は、特に『往生論註』の上巻ですが、阿弥陀仏の浄土世界がなぜできたのかということをいう時に、「三界」や「ある国土《こくど》」をご覧になって、それを超えていく世界を願われたのだという形で述べていきます。ここでも三界を見そなわす、つまりご覧になったところ、虚偽の相、輪転の相であり、また無窮の相であったといいます。嘘偽りであり、それがいつまでもぐるぐると回っていて、終わることはないということです。「蚇蠖の循環するがごとく」とはシャクトリムシが木の周りをぐるぐる回っているようなものだということです。あるいは「蚕繭の自縛する」の「蚕繭」とは蚕《かいこ》のことです。蚕とは自分の出した糸で自分自身を閉じ込めてしまいます。そういうあり方が迷いの世界のあり方なのだと示されています。『讃阿弥陀仏偈《さんあみだぶつげ》』では、

われ無始《むし》より三界《がい》に循《めぐ》りて、虚妄輪《こもうりん》のために回転《えてん》せらる。一念《ねん》一時《じ》に造《つく》るところの業《ごう》、足《あし》六道《どう》に繋《つな》がれ三塗《ず》に滞《とど》まる。

（『註釈版七祖篇』一七六頁、『聖典全書』一・五四八頁）

とあります。我々の業、私の行いというものは全部、自らを迷いの世界につなぎとめる。しかも「三塗」というのは、地獄《じごく》・餓鬼《がき》・畜生《ちくしょう》ですが、同じ迷いの世界の中でも特に悪い。そういう世界に自らを縛り付けるような行いをしているのだということですね。

◆道綽・善導の説示

道綽《どうしゃく》の『安楽集《あんらくしゅう》』には、

もし起悪造罪《きあくぞうざい》を論《ろん》ぜば、なんぞ暴風駛雨《ぼうふうしう》に異《こと》ならんや。

（『註釈版七祖篇』二四二頁、『聖典全書』一・六一三頁）

とあります。悪を起こしたり、罪を造ったりするのは、まるで暴風大雨のようなものだというのです。台風をイメージしてもらったらわかりやすいですけれど、強い風が吹き強い雨が降ってくる。まさに我々はそのように悪を起こし罪を造っているのだということです。

善導《ぜんどう》の『観経疏《かんぎょうしょ》』では、「二種深信《にしゅじんしん》」の機《き》の深信といわれているところに、

「深心《じんしん》」といふはすなはちこれ深《ふか》く信《しん》ずる心《しん》なり。また二種《しゅ》あり。一には決定《けつじょう》して深《ふか》く、自身《じしん》は現《げん》にこれ罪悪生死《ざいあくしょうじ》の凡夫《ぼんぶ》、曠劫《こうごう》よりこのかたつねに没《もっ》しつねに流転《るてん》して、出離《しゅつり》の縁《えん》あることなしと信《しん》ず。

（『註釈版七祖篇』四五七頁、『聖典全書』一・七六二頁）

とあります。すなわち、我々は迷いというあり方のまっただ中にいる。これはつい最近そうなったというのではなくて、無限の過去からそうであった。これは、ある意味で深さをあらわしているわけです。つい最近そうなったというと、またすぐによい方に戻る可能性がありますが、無限の過去からそうであったということは、簡単には治らないということを意味しているのです。そして、迷いというあり方から抜け出すための手段というものは本来まったく持っていない、そういう我々であるといわれています。

◆源信の説示

源信《げんしん》の『往生要集《おうじょうようしゅう》』には、

ただし顕密《けんみつ》の教法《きょうぼう》、その文《もん》、一にあらず。事理《じり》の業因《ごういん》、その行《ぎょう》これ多《おお》し。利智精進《りちしょうじん》の人《にん》は、いまだ難《かた》しとなさず。予《よ》がごとき頑魯《がんろ》のもの、あにあへてせんや。

（『註釈版七祖篇』七九七頁、『聖典全書』一・一〇一三頁）

とあり、悟りの世界である浄土に生まれていくという教えは、顕教《けんぎょう》・密教《みっきょう》といわれる仏教全体の中に、それを示すいろいろな文がある。「事理の業因」、浄土に生まれていくための因というものもいろいろと説かれてある。しかし「利智精進の人は、いまだ難しとなさず」、非常に優れた智慧《ちえ》を持った、努力もできるような人には別に難しいことではないだろうけれども、「予がごとき頑魯のもの、あにあへてせんや」と、私のような頑《かたく》なで愚かな者はどうしてそういうことが簡単にできるだろうか、ということです。自分という存在をそのように見ています。

源信の時代の比叡山《ひえいざん》の天台宗《てんだいしゅう》は、二つの流れに分かれてきます。本覚法門《ほんがくほうもん》と始覚法門《しかくほうもん》という言い方がされますが、この言葉自体は真宗学概論にはあまり関係ありません。一つの流れが覚運《かくうん》から始まり、もう一つの流れがこの源信から始まります。比叡山の教えの流れが大きく二つに分かれるところの、その一つの最初の人が源信です。ですから、比叡山天台宗の人からは、源信は非常に優れた人だと位置付けられています。またこの時代、仏教の本場は当然中国です。特に天台宗は中国の天台山《てんだいさん》が中心で、本家ということになります。こういう意識があって、比叡山の中でさまざまな疑問が出てきて、それが日本だけでは解決がつかない場合、中国に問い合わせるということをこの時代にしています。ところが源信の問い合わせたものはなかなか返事がきませんでした。中国の方では、こんな深い質問をされても答えられない、ということであったようです。それほど深く教学を理解している源信が「予がごとき頑魯のもの」という表現をとっているのです。ここに注目します。

◆法然の説示

そして法然房源空《ほうねんぼうげんくう》は、次のように述べたと伝えられています。

> 十悪の法然房が念仏して往生せんといひてゐたる也。又愚痴の法然房が念仏して往生せんといふ也。
> （『聖典全書』六・六〇六頁）

「十悪《じゅうあく》の法然房」「愚痴《ぐち》の法然房」、愚かなる法然房という言い方が出てきますが、実はこの法然という人も、比叡山にいた当時、若くして「智慧第一《ちえだいいち》の法然房」と賞賛されていました。周りからは最高の智慧を持った人だと評価されたのです。あるいは、こんな言葉が残っています。

> かなしきかなかなしきかな、いかゞせんいかゞせん。こゝにわがごときは、すでに戒定慧の三学のうつわ物にあらず。
> （『聖典全書』六・六〇八頁）

戒《かい》・定《じょう》・慧《え》の三学《さんがく》は、仏道《ぶつどう》の一番基礎になります。戒・定・慧の三学、あるいは八正道《はっしょうどう》、あるいは六《ろく》波羅蜜《はらみつ》など、インドにおいて仏教の行というものはさまざまに示されてきますが、この三学がある意味で仏道の一番素朴な形だと考えられます。

「戒」は、わかりやすくいいますと生活習慣です。戒という言語自体がそもそも習慣という意味を持っています。悪いことはしないように、よいことは努めてするように、ということをずっと繰り返し行いますとそれが習慣になります。初めは意識して努力しないとできなかったことが、やがて無意識にできるようになってくる、これが習慣です。そういう生活習慣を正しくして、そして「定」、心を清らかに正しく保つ。そのことによって正しい智慧（「慧」）を身に付けることができる。これが仏教の基本的な行の形だといえます。そういう一番基本的なことすらもできない私なんだと、法然自身は述べています。

このように、「迷い」と「悟り」は同じであって違っている、違っていて同じだということはいえますが、どちらに偏るのが悪いのかというと、それは同じであるということに偏るのがずっと悪いのです。不二に偏執する、これが駄目なのです。これは既に述べたところです。

「迷い」と「悟り」が同じだというところに止まっていますと、今のままでいいわけです。何も悟りを目指す必要はありません。あるいは「迷い」というあり方に苦しんでいる人に「悟り」という楽しみを与えることも必要ないわけです。「迷い」も「悟り」も同じというスタンスですから。ですから、「同じ」にとらわれてはいけない、こちらにとらわれることこそが最大の罪であると仏教では考えます。「同じ」にとらわれても駄目だし、「違う」にとらわれても駄目なんですけど、「違う」にとらわれる方がまだましなんです。「同じ」にとらわれるよりは、はるかに素晴らしいといわれます。「違う」にとらわれるのは間違った見方しかできないけれども、しかしそこには何とか正しい見方を身に付けようとする動きが生じてきます。同じだということにとらわれると、まったく動きは生じてきません。これはたとえば龍樹《りゅうじゅ》の『十《じゅう》住毘婆沙論《じゅうびばしゃろん》』の「易行品《いぎょうぼん》」では「菩薩《ぼさつ》の死《し》」（『註釈版七祖篇』三頁、『聖典全書』一・四〇七頁）という表現がとられています。死んだように何の動きもなくなってしまう、最悪の状態だということです。

浄土真宗は愚者の宗教

そして、浄土真宗は愚者《ぐしゃ》の宗教、愚か者の宗教なんだということです。妙な理屈を振りかざしていろいろいうような者の宗教ではありません。自分でああだこうだと知性をひけらかすような者の宗教ではないのです。ある意味で、私たちは「もの」を区別してしか捉えられません。仏教では何でもかんでも区別してしか見られない見方は、愚かなものの見方なんですけれど、自分はそういうものの見方しかできないんだということが逆にわかっていくということでもあります。愚か者になることによって初めてわかる世界です。自分の知性、教養が邪魔をしてそういうものが見えなくなっていく世界もあります。知性や教養をふり捨てていっても、そう簡単には捨てられないのですけれどもね。知性や教養が役に立たない世界といいますか、感性や情的なアプローチで触れていく世界が浄土真宗という宗教なんだといえます。

江戸時代から近代にかけて、妙好人《みょうこうにん》と呼ばれる人がたくさん出現しています。浄土真宗の教えの一番肝心要のところを豊かな感性でピタッと受け取った人です。こういう人たちは、決して世間でいうところのいわゆる教養のある賢い人ではないのです。むしろその逆といってもいいかもしれません。しかしながら浄土真宗の本質というものをピタッと捉えている。なまじ知恵があると知恵を使おうとします。ああだこうだといろいろ考えてしまうのですが、そういう捉え方では決して捉えられない世界を妙好人たちは生きています。理屈だけでは捉えることができない大きな世界の本質を受け取っています。それが浄土真宗の本質なんです。理屈で捉えるとなると、これは愚者のための宗教ではなくなってしまいます。

今いいましたが、それが実は、阿弥陀仏・浄土というものへの情的なアプローチというものです。情的なアプローチというのは、理屈で考えて浄土という世界、阿弥陀仏という仏はどんな仏なのかと把握しよう、理解しようとするのではなく、「阿弥陀仏は私を救ってくださる仏である。ああ、ありがたいなあ」という捉え方です。そういう情的な捉え方こそが実は仏の本質を捉えたことになるんだ。これが浄土真宗における阿弥陀仏をどう捉えるかということの結論です。

最後に、そのような情的な捉え方が親鸞の上であらわれている文章をあげておきたいと思います。これは『歎異抄』が一番わかりやすいですね。

弥陀《みだ》の五劫思惟《ごこうしゆい》の願《がん》をよくよく案《あん》ずれば、ひとへに親鸞一人《しんらんいちにん》がためなりけり。さればそれほどの業《ごう》をもちける身《み》にてありけるを、たすけんとおぼしめしたちける本願《ほんがん》のかたじけなさよ

（『註釈版』八五三頁、『聖典』六四〇頁）

この受け止め方は明確に情的です。阿弥陀仏という仏を理屈で受け止めたわけではなくて、「私のような者を救おうという願いを発してくださった、なんとありがたいことではないか」という、感情的な受け止め方です。

第六章　阿弥陀仏に救われる人間——親鸞の人間観——

一、「私」とは何か

倫理道徳と宗教

ここまで、浄土《じょうど》とはどういう世界であるのか、そして阿弥陀仏《あみだぶつ》という仏はどういう存在であるのかを見てきました。次に、阿弥陀仏によって救われる我々はどういう我々なのかということを考えてみましょう。

宗教というものは、やはり「私」を問題にするものであります。「私」を抜きにした宗教というものは存在しません。「私」がどういう存在であるのか、これが宗教では問題になってきます。

倫理道徳と宗教との違いについて、ある人はこういう言い方をします。何々すべきである、何々はしてはならない。これは倫理道徳だと。善はすべきである、悪はすべきではない。これが倫理道徳ですね。宗教とは「すべきである」ができない私、「してはならないこと」をしてしまう私、ここから出発するんだ。こういうふうにいわれた人がいます。

たとえばキリスト教にもそういう側面があります。イエスは元々、ユダヤ教のラビです。ラビとはユダヤ教の律法《りっぽう》に非常に詳しい人のことです。ユダヤ教に神学《しんがく》はありません。そもそも神については論ずるべきではないといいますから、神についてさまざまに議論する神学というものは存在しない。一方で、律法、すなわち神が定めたルールについての学問はあります。律法では基本的には、盗ってはならない、殺してはならない、ということはいわれますが、具体的なことまでを神が定めたわけではないので、律法をどう解釈していくかが問題になるわけです。

ユダヤ教のラビが主人公の小説を読んだことがあります。そこではたとえば、友達から自動車を借りて事故にあった、一体その責任はどこにあるのか、これはユダヤ教のルールではどうなっているのかという問題が出てきます。自動車を壊してどうのこうの、そんなこと神はいっていないです。しかし過去からの無数の学者の解釈というものがあります。それを見ると、自動車はないが、牛を借りてその牛が怪我をしたと、こういう話はある。それと同じように考えればよいではないか等、神の定めたルールを具体的な事象において考えていきます。これをするのがラビという人です。

キリスト教の聖書《せいしょ》、『新約聖書《しんやくせいしょ》』とはイエスの言行録であり、『旧約聖書《きゅうやくせいしょ》』にはモーゼとか天地創造などの話が出てきます。『旧約聖書』はユダヤ教の聖書でもあります。ユダヤ教とは『旧約聖書』にある意味基づいていると考えられます。そんな『旧約聖書』の中、ユダヤ教のルールでは、いわゆる姦淫《かんいん》の罪、今でいう不倫ですね、これを犯した女はみなから石を投げられて殺されるというルールがありました。現代の視点からすると、どうして女性だけがという問題が出てきますけどもね。ある女性の不倫が発覚して、みなで石を投げて殺そうとなった時、イエスが通りかかったのです。イエスは律法の専門家ですから、みなはこれから石を投げて殺してもいいんですよね、と確認を求めました。しかしイエスは黙っている。それでいいんですよね、ともう一回確認をした時の、イエスの有名な言葉が、「罪なき者、まず石を投げうて」です。今まで何の罪も犯したことのない人がまず最初に石を投げなさい。人の罪ばかり責めるのではなく自分の罪を考えろと、こういわれたら誰も投げることができなくなってしまった。そして結局その場には誰もいなくなったという話が聖書の中に出てきます。

これも結局のところ、罪を犯してはならないという問題ではなくて、私が罪を犯した時に、罪しか犯せないような私は一体どうなっていくのかが問題であり、これがキリスト教の一つのテーマであります。神の愛によって救われる、というように説かれたりもします。

「何々してはならない」「何々するべきだ」というのが倫理道徳なんだけれども、してはならないことをしてしまう私、しなくてはならないことをできない私、そういう私が一体どうなっていくのかということを考えていく、これが宗教の問題とするところであり、そのまま仏教で問題とするところです。

「私自身」のものの見方

そこでは何より私自身が問題にされるわけです。特に仏教におきましては、この世界がどういう世界かということよりも、もっと基本的に問題としていることは、私がこの世界をどのように見ているのか、ということです。私にとっての世界とは、私が見た世界でしかありません。極端なことをいいますと、私の見た世界とみなさんが見た世界は違います。実は一人ひとりが違う世界を見ているのです。なぜならば一人ひとりが違うものの見方をしているのですから。見ている世界も実は違う世界を見ている。私にとっての世界とは「私が見た世界」ということです。そこで問題になってくるのは、私のものの見方はどういうものの見方なのか、そういうものの見方をする私は一体何者なのかということです。これが最終的には問題にされます。客観的な世界というのは、基本的に仏教では問題にはしません。ある意味でそれは科学の方でやってもらったらいいわけです。問題はあくまでも私にとっての世界です。ある出来事があったとしても、それをどう受け止めるかということは人によって違いますよね。大きく違う場合もありますし、微妙な違いである場合もあるかもしれないですが、まったく同じものの見方をする人は世の中には存在しませんから、みな違うものの見方をしています。

そこで問われてくることは、自分はどういうものの見方をしているのかということです。ここにおいて、「私」が問題になってくるわけです。世界がどうなのだではなく、私がどうなのだということが問題になります。まさにそういう中で、阿弥陀仏とか仏に成るということを考えていかなければいけないわけであります。私は一体どういうものの見方をしているのかという観点を抜きにして、阿弥陀仏や浄土ということをただ理屈として議論してもあまり意味がないわけです。

二、人間観・衆生論・機根論

私をどう見ていくのか、という問題を仏教でどう論じているのかといいますと、今現在はしばしば「人間観」という言い方で論じられています。「人間観」ということであらわされる内容は、元々は「機根論《きこんろん》」という言葉で論じられてきました。その後「衆生論《しゅじょうろん》」という言葉で論じられ、そして「人間観」となりました。これは真宗学関係の論文を見ていった結果です。「親鸞の人間観」という内容の論文も、これが一昔前ですと「真宗の機根論」という題で論じられました。しかし、「機根」という言葉で表現するのと「衆生」という言葉で表現するのと「人間」という言葉で表現するのとでは、実は表現の内容に少しずつズレがあります。

「人間」とは何か

「人間」という言葉でいいますと、私たち一人ひとりのことであり、あるいは全体のことです。いわゆる他の動物に対する人間です。この言葉が使われ始めたのはそんなに古い話ではありません。たとえば人間という言葉は、蓮如《れんにょ》の『御文章《ごぶんしょう》』にいくつも出てきます。この使い方を調べると、『御文章』では十九例あります。ただし蓮如の『御文章』に出てくる人間という言葉の意味は、人の境界《きょうがい》、人の世界という意味です。たとえば、

しかれば、一心一向《いっしんいっこう》といふは、阿弥陀仏《あみだぶつ》において、二仏《にぶつ》をならべざるこころなり。このゆゑに人間《にんげん》においても、まづ主《しゅ》をばひとりならではたのまぬ道理《どうり》なり。（『註釈版』一一二二頁、『聖典』七八七頁）

の「一心一向」というのは、阿弥陀仏と他の仏と二つの仏を並べないということです。「このゆゑに人間においても」、人の世界においてもという意味で「人間」という言葉が使われています。人の世界におい

ても主人というのは一人だけだ。何人も主人を持つ、そんな馬鹿な事はない。同じように浄土真宗の世界でも仏といえば阿弥陀仏なんだということを蓮如はいっています。ここに使われている「人間」という言葉は「人の世界」という意味で使われています。一人ひとりの人とか、人の総体という意味では使われていないですね。

「衆生」とは何か

また「衆生論」という言い方もされてきました。仏教の歴史において、中国でいろいろと仏典が翻訳されていきますが、その一つの変わり目は、有名な玄奘《げんじょう》という人の登場です。玄奘は素晴らしい才能を持った人であったようです。仏教についていくつかの疑問があり、その疑問を尋ねるために中国中の高僧《こうそう》といわれる人を訪ね巡るのですが、結局、納得のいく答えは返ってきませんでした。そこで本場であるインドへ行かないと、この疑問は解消されないということで、中国からインド（天竺《てんじく》）へ出かけていきます。この時の旅が相当苦しい旅でした。しかもこの当時、唐は鎖国をしていました。勝手に外国へ行ってはいけません。ですから国境を越える時も、砂漠の中にのろし台があって見つかったら捕まってしまうということで、夜こっそりと国外へ出て行きました。一説によりますと、国外に出たことを知っていたけれど大目に見たんだともいわれていますが。この時の玄奘の旅が『大唐西域記《だいとうさいいきき》』という書名で残されていて、これをおもしろく物語にしたものが、あの『西遊記《さいゆうき》』ですね。玄奘三蔵《さんぞう》という人が『西遊記』の三蔵法師《ほうし》のモデルだといわれています。私は『西遊記』の三蔵法師はあまり好きになれません。正論ばかり振りかざして、結局、自分では何もできない人のように描かれていますから。しかし玄奘本人は、ずっと一人で旅をされた方ですから、あの『西遊記』の三蔵法師よりずっと強い人であったと考えられます。中国に帰った時には、たくさんの仏教文献を持ち帰りました。出る時はこっそりだったのですが、帰った時は英雄扱いです。時の唐の二代目にあたる太宗《たいそう》皇帝に「素晴らしい事を成し遂げた」といわれました。その時に皇帝は玄奘に還俗《げんぞく》を勧めます。あなたのように素晴らしい才能が、次の時代につながらないのは誠にもったいない。俗人に戻って子どもをつくってくださいと。今でいいますと、あなたの遺伝子が次に伝えられていくように、どうか結婚して子どもをつくってくださいということでしょう。しかし玄奘は「そういうことはできません、一度出家した以上はもう俗人に戻ることはできません」と答えました。

それで玄奘を中心として、持って帰ってきた文献の翻訳作業が国家的な事業として行われていきます。もちろん玄奘が一人で翻訳したわけではなく、玄奘をチーフとするチームで翻訳が行われました。その時にそれまでの翻訳語とはころっと変わったことがいくつかあります。私たち浄土真宗に関係するところでは、たとえば七高僧《しちこうそう》の第二番目の方を我々は「天親菩薩《てんじんぼさつ》」といいますが、玄奘の訳では「世親《せしん》」になります。一般的に今、仏教学の方ではこの世親が普通です。真宗学では「天親」という言い方をします。また前にも説明しましたが、「衆生」というのは玄奘以前の訳であって、玄奘の訳以降は「有情《うじょう》」という訳語になってきます。「有情」とは情有る者です。心ある者と考えればいいでしょう。「衆生」という生きとし生けるものという表現と、「有情」という心ある者という表現ではニュアンスが少し変わってきます。たとえばインドでは草や木は「衆生」とはされません。なぜならば、「心がない」と見做されていたからです。草や木には心はない。だから、命があったとしても草や木を傷付けてもそれは殺生罪《せっしょうざい》にはならない。そして、心のある者が仏に成ることができる、という捉え方をします。「有情」に対する言葉は「非情《ひじょう》」です。今ですと、感情のない奴だ、思いやりのない奴だという時に「非情な奴だ」と使いますが、仏教用語の「非情」とは心を持たないもののことです。そのため、草や木は非情だという言い方がされます。心があるということが非常に重要です。ただ、何によって心があるとするのか、草や木にも心はあるんだという見方は当然できるわけです。草や木どころか湯飲み等の道具に至るまで心があるという見方をしていくのが日本の文化です。

そういう意味からすると、これは親鸞の自筆のものではありませんが、『唯信鈔文意《ゆいしんしょうもんい》』の正嘉本《しょうか》には「草木国土《さうもくこくど》ことごとくみな成仏《じゃう》す」(『聖典全書』二・七〇二頁下)という言葉が出てきます。草や木も仏に成る。草や木どころか、国土ですから、石や国という世界までも仏に成るんだ、というのです。そこまで心を見ていくという日本の文化がそこに反映されていると考えることができます。

「機根」とは何か

◆「機」と「器」

救われていく対象を問題とする時に、仏教では「機《き》」という言葉を用いてきました。「衆生」という言葉も仏教用語ですけれども、「機」という言葉の方が古くから使われてきたといえます。この「機」という漢字と、また「器」という漢字を書く場合がたまにあります。「機」という字を書いた時には、これはまさに「機会」の「機」ですね。この「機」の解釈として「可発《かほっ》」という説明の仕方がされます。すなわち、弓をまんまんと引き絞って、手さえ離せば飛んでいく、そういう状態です。もう用意は全部できているという状態です。何に対して用意ができているのかというと、教えを聞く用意がまさにできている状態、これを機という言葉の意味として「可発」と表現します。

「器」という漢字を使った時には、「うつわ」とよみますが、基本的には入れ物です。入れ物というのは何を入れるかによって変わっていきます。現代でもご飯を入れる器、お茶を入れる器、コーヒーを入れる器、お酒を入れる器、みな違うものを一般的には使います。ですから、器という言葉は、そこに何を入れるかによってその器の意味が決まっていくのだということです。この場合、何を入れるのかといいますと、仏の教えを入れます。仏の教えにもいろいろな教えがあって、私は一体どの教えを入れる器なのかという捉え方をする時に、この器という字を使うわけです。いずれにしても、どちらの漢字を使っても、教えに対して、救われる対象をあらわした言葉だと考えることができます。

◆山頂への道

仏教において人というものは、仏道《ぶつどう》を歩むべき存在と位置付けられます。「人間というのは未完成の仏である」、こういう表現をとられた先生もおられます。まだ仏には成っていないけれども、いずれ仏に成るべき存在というかたちで人というものが位置付けられています。すなわち、仏道を歩むにあたって、一体どのような教えに基づいて仏道を歩むのかということになってきます。どのような教えに基づいて、というのは、釈尊《しゃくそん》がさまざまな教えを説いたことによるわけです。

教えとはある意味、山の麓《ふもと》から頂上へ登る道を指し示したものだと考えることができます。もっというならば、仏道とは山の麓から頂上に登っていくものであり、道は一本とは限らず、何本も何本もさまざまな道があって、そのさまざまな道を、釈尊がこの道はこういう道だと一つ一つ説いていったということです。そういう意味からいうと、あらゆる経典を納めた「大蔵経《だいぞうきょう》」というものがありますが、大蔵経をすべて通読するということは、山全体の地図を俯瞰《ふかん》するという意味にもなってくるわけです。山登りの道を考える時に、やはりどの道を選ぶのかということはその人の能力に関係してくるわけですね。鎖を使わないと登っていけないような道もありますし、なだらかな、だんだんだんと登っていく道もあります。あちこちにぶら下がっている鎖を使って、山の頂上を目指して登っていくような道ですと、訓練をした人でないと登っていけないということになります。まして、手押し車を使わないと歩けないようなお年寄りに「鎖を使って頂上まで行け」といいましても、それは初めから無理な話です。つまり、仏道というのは歩む能力が重要な要素になってくるわけです。道があったとしても自分の能力では登れない道であったらその道は私にとってはないのも同じです。そういう道と道を登っていく人の能力、この関係を、仏教では「教法《きょうぼう》」と「機」という関係で捉えられていきます。すなわち機とは、仏道を歩むという場面において、その人がどのように位置付けられているのかという側面もあらわしているわけです。

◆人間観と機根論

人間観という言葉は、人間をどう見るのかということですから、どの立場で人間を見るのかによって当然、人間観というのは変わってきます。たとえば生物学的にいいますと、人間は脊椎《せきつい》動物であって哺乳《ほにゅう》類であって、そして霊長類であるといえます。これは生物全体の中でどのように位置付けられるのかということです。あるいは社会学的に人間というものをどのように位置付けるのかというと、また別の位置付けが出てきます。あるいは法律的に人間をどのように位置付けるのか。たとえば殺人罪の適用範囲を考える時に特に問題になってくるのは、母親の胎内にいる胎児を殺しても殺人罪にはならないという点です。どこから人間と見做すかといいますと、母親の胎外に一部出た途端に人間と見做し、そこで殺すと殺人罪になるということのようです。ただしこれは刑法の上で人間をどう位置付けるのかということであって、民法の相続に関するところでは、母親の胎内であっても相続権というものは有しているとあります。相続権を持っていると、そこで人間と見做されるとも考えられます。ただ人間をどう見るのかといっても、見る立場によっていろいろ変わってくるわけですね。人間観という言葉だけでは、このようにとても範囲が広くなってしまうわけです。ですから、ここでは仏教の人間観とか、真宗の人間観と、上に言葉を付けないといけないということになります。一方、機根論という場合には、仏道を歩む者としてどう位置付けるのかという意味が、始めから機根という言葉の意味として含まれているわけですから、意味は明確になってくると考えることもできます。しかし、普通の人に「機根」という言葉を知っていますかと聞くと、おそらく百人が百人「知らない」と答えるだろうと思います。一般的な言葉ではありませんから、その言葉を使って説明するのがいいかどうかという問題も、そこには存在します。ただ、真宗学という学問を学んでいくみなさん方にとりましては、こういう言葉によってこういう概念が表現されているんだということを知っておくことは大事なことです。

たとえば、中国で天台宗《てんだいしゅう》を開かれた智顗《ちぎ》は『法華玄義《ほっけげんぎ》』という有名な書物を著し、「機」を「微《み》・関《かん》・宜《ぎ》」という三つの側面から説明されます。仏道を歩むべき対象としての「機」をどう位置付けているのかといいますと、まず「微」というのは可発の義です。可発というのは、弓に矢をつがえてまんまんと引き絞って手を離しさえすればすぐ矢は飛んでいくという意味です。教えに出遇えさえすれば、その教えの内容に応じる可能性、まさに機微《きび》を秘めた存在になる、そういう意味で微という表現がとられます。「関」というのは教法に関係しているということです。「宜」というのは、仏がその教法で化益《けやく》するのに適宜《てきぎ》しているということです。ぴったりと合っているということです。こういう三つの説明がされていますけれども、いずれも最初からいっておりますように、仏道を歩む者としてどう位置付けられるのかということを表現するのが「機」という言葉だということです。

そして機ということを考える場合、やはり親鸞においては、「悪人正機《あくにんしょうき》」という言葉をどのように理解していくかが一つ引っかかる点になってきます。悪人正機といった場合には、正機というのは阿弥陀仏の本願《ほんがん》の救いにぴったりと合っている存在と考えることができます。「阿弥陀仏の本願のめあて」という言い方が一般的です。機というのは教えに対する言葉だと考えるのならば、阿弥陀仏の本願によって浄土に生まれて悟りを開いていくという仏道に一番ぴったりと合っている存在として悪人を見る。これが悪人正機ですね。

三、仏教における善と悪

では、悪人とはどういう存在なのでしょうか。善と悪ということにつきましては、当然いろいろな見方があって、特に倫理学では善悪の見方には二つあるというのが一つの常識になっています。一つは、行いの動機です。なぜその行いをするのか、何をしようとしてその行いをするのか、動機から見ていく場合です。それからもう一つは、行いの結果です。行いの結果どうなったのか、結果から見ていく場合です。一応大きく分けて二つになるといわれています。この場合ごく単純に一番わかりやすく、他者の利益となるようなことが善であり、他者の損失になるようなことが悪である、と考えることができます。その時に、動機論からいえば、他者に利益を与えようと思ってする行いが善であり、他者に損害を与えようと思ってする行いが悪です。結果論からいえば、他者に利益を与えた行いが善であり、他者に損害を与えた行いが悪です。一般的に考えましても動機と結果が必ずしも一致しないということは当然あるわけです。他の人のためになることをしようと思って、かえってその人を傷付けてしまったということはありますね。その人のためになることをしようとすることは、動機からいってその行いは善です。しかしその行いの結果その人を傷付けたのなら、結果からいってその行いは悪になるわけです。

仏教は基本的には心を大事にしますから、やはり動機を主として見ていきます。しかしながら、他人の利益になるようなことをしようと思った行いであっても、結果的にそれが損害を与えてしまったのならそれは善とはいえません。他者に利益を与えようとする思いからの行いであると同時に、結果的にもその人に利益を与えるような行いでないと善とはいえません。どちらかが悪であるならばそれは善とはいえません。どちらかが悪ならばそれは悪なんだというのが、仏教の基本的な見方だといってもいいですね。

心で決まる

また、仏教における善と悪について考える場合、三つの側面から考えることができます。まず一つ目として、善というものに「信・精進《しょうじん》・慚愧《ざんぎ》」が挙げられます。「信」は信頼すること、「精進」は努力することです。そして「慚愧」の慚とか愧とは自らの悪い行いを恥じるということです。これらが善と位置付けられます。それに対して悪というのは、六大煩悩《ぼんのう》といわれる「貪欲《とんよく》・瞋恚《しんに》・愚痴《ぐち》・慢《まん》・疑《ぎ》・悪見《あくけん》」の六つにともなう行為です。これらは、おおまかにいえば心のあり方で善悪を決めるという考え方です。

利害で決まる

二つ目は、善は此世《しせ》・他世《たせ》を順益《じゅんやく》する行為と考えられます。この世と他の世にわたって利益を与える行為ということです。短いスパンで考えたら利益を与えたことになるけれども、長いスパンで考えると逆に損失を与えてしまったということも世の中にはあります。短いスパンでも長いスパンでも利益を与えるような行為のことを善といいます。逆に、短いスパンあるいは長いスパンで損害を与えるような行いを悪というわけです。

ただ利益か損害かはそう簡単には決められません。中国の「塞翁《さいおう》が馬《うま》」という故事がありますね。「塞」という名字の老人の飼っていた馬がある時逃げ出しました。近所の人がみな「残念でしたね、不幸でしたね、困っているでしょう」と慰めにきました。ところが、塞という老人は「いやいや、これがいいことにつながるかもしれません」と答えました。まさにその言葉通り、逃げた馬が、どこかで知り合った友達でしょうか、もう一頭の馬を連れて戻ってきました。それまで一頭しかいなかったのに二頭の馬の持ち主になったということで、これは非常に儲けたという話になるわけです。それで周りの人たちが、「よかったですね、馬が逃げたということはよくないことのようだったけれど、おじいさんがいった通りよいことにつながりましたね」というと、老人は「いやいや、これがまた悪いことにつながるかもしれないよ」というのです。するとまさにそのいう通り、新しくきた馬に老人の息子が乗ったところ、急に馬が暴れ出し、その結果落馬した老人の息子が足の骨を折って歩けなくなったのです。そうしたらまた近所の人が「大変なことでしたね、あなたがいったとおり悪いことにつながりましたね」といい、老人が「いやいや、これがまたよいことにつながるかもしれない」といって、最後どうなったかというと、その地方で戦争があって、若い男性はみな兵隊にとられていきましたが、老人の息子は足を折って動けないということで兵隊にとられなくてすんだのです。近所の村の人はみな戦争にかり出されて死んでいったけれども、老人の息子は助かったということで、結局何がよいことで何が悪いことかわからないんだということをいいあらわしている「塞翁が馬」という故事があります。

あるいはこのような話もあります。仏教で古くからいわれている話です。あるお寺に池があって、そこに魚がたくさんいました。そのお寺のお坊さんが非常に情け深い人で、魚たちに「冬になると食べるものがないだろう、かわいそうに」といって、いつもその池にいってエサを与えていました。ところがそのお坊さんが死んで、次にそのお寺に入ってきたのがとんでもない人で、酒は飲むわ魚は食べるわ、という人でした。この人がお酒を飲もうとしたとき、ちょっとした肴《さかな》がない。「そういえば、池にはたくさん魚がいたな」ということで、池に網を持って行くと、前のお坊さんに慣らされて人の足音が近付いてくるとエサがもらえると思って魚が集まってくる。これは取り放題だということで、結局その池に魚は一匹もいなくなったという話です。最初のお坊さんがエサをやったという行いは、はたして善であったのか、悪であったのか。こういう問題もあったりするわけですね。善と悪というのは、そういう意味ではそう簡単には決められない。これが二つ目です。

第一義諦で決まる

三つ目は、善は第一義諦《だいいちぎたい》に準じて起こす行為、悪は第一義諦に背いて起こす行為、という見方です。この「第一義諦」というのは、仏教でいう根本的な真理です。根本的な真理にそって行われた行いは善であり、根本的な真理に背いて行われた行いは悪だということです。根本的な真理というのはたとえば何かというと、仏教ではすべての存在は変化し続けるといいます。そして、変化し続けるんだからすべての存在には固定的な実体（我）というものは存在しないと教えます。「諸法無我《しょほうむが》」といいます。これはただ単にそういうものだというのではなくて、固定的な実体は存在しないんだから、そのように移ろいゆくものにとらわれるのは苦しみを増やす愚かなことだ、と基本的に仏教では教えているわけです。ころころ変わるようなものにとらわれるのは非常に愚かなことである。だから本来とらわれるべきものは何も存在しない。これがある意味、第一義諦といってもいいわけです。だからすべてのとらわれから離れた行為は善である。しかしとらわれに基づいて行われた行為は悪である。

善悪ということでいうならば、仏教の中に「七仏通誡偈《しちぶつつうかいげ》」があります。大乗《だいじょう》仏教では、釈尊以前の仏はある意味無数の仏と示されますが、いわゆる部派《ぶは》仏教の時代だと、釈尊以前の仏は、毘婆尸仏《びばしぶつ》・尸棄《しき》仏《ぶつ》・毘舎浮仏《びしゃふぶつ》・拘留孫仏《くるそんぶつ》・拘那含牟尼仏《くなごんむにぶつ》・迦葉仏《かしょうぶつ》で、釈迦牟尼仏《しゃかむにぶつ》まで入れて七仏ということになっていて、これを過去七仏といいます。この七仏が共通して受持したといわれる釈尊の戒めの偈が「七仏通誡偈」です。その内容は「諸悪莫作　衆善奉行　自浄其意　是諸仏教（もろもろの悪《あく》は作《な》すことなかれ、すべての善《ぜん》は奉行《ぶぎょう》せよ、自《みずか》らその意《い》を浄《きよ》くす、これ諸仏《しょぶつ》の教《おし》えなり）」というものです。

ここで示されているのは、まずは悪をおかしてはならない、善を行いなさいということですが、問題はその次です。そのことによって心を浄らかにしなさいとあります。心を浄らかにするという点について見たならば、悪というのは心を濁らせるような行いであり、善というのは心を浄らかにする行いであると考えられるわけです。ですから心を濁らせるような行いはしてはいけません、心を浄らかにする行いをしなさい、それをしていくことで自分の心を浄らかにする、これがすべての仏の教えだと。ある意味、非常に単純な話です。

そうすると、ここに基づいて先ほどいいました悪人正機について考えると、真宗教義において悪人という存在は一体どういう存在なのでしょうか。これはまず煩悩に基づいた行いしかできない、そういう存在です。本当に他者を利益するような行いはできません。そしてとらわれに基づいた行いしかできませんし、自らの心を濁らせるような行いしかできない、そういう存在が悪人に位置付けられていると考えられます。

先ほどの「七仏通誡偈」でいえば、仏教が持っている基本的な枠組みとは、自らの心を浄らかにし、それによって正しく物事を見る目を身に付けていくことが基本的なあり方だと考えることができます。この浄らかにしていく道を歩むにあたっては、行いの根底にある煩悩、とらわれを離れないといけないし、あるいは自分さえよければいいということではなくして、他者の利益になるようなことをしなくてはいけません。こういう一つの基本に基づいて、自らの力では仏道を歩むことができない存在として悪人が位置付けられると考えられます。

四、親鸞の人間観——悪人の意義——

◆無始よりこのかた

「信文類」の説示

その意味で親鸞の人間観を見ていきますと、親鸞がいろいろと述べられた箇所を紹介しています。たとえば、『教行信証《きょうぎょうしんしょう》』の「信文類《しんもんるい》」には、一切《いっさい》の群生海《ぐんじょうかい》、無始《むし》よりこのかた乃至今日今時《ないしこんにちこんじ》に至《いた》るまで、穢悪汚染《えあくわぜん》にして清浄《しょうじょう》の心《しん》なし、虚仮諂《こけてん》偽《ぎ》にして真実《しんじつ》の心《しん》なし。

（『註釈版』二三一頁、『聖典』二二五頁）

という言葉が出てきます。「一切の群生海」とありまして、これは「私が」というよりも、むしろ「迷いというあり方にある生きとし生けるものすべてが」と位置付けられています。それが「無始よりこのかた」という表現で「穢悪汚染」「虚仮諂偽」であり続け、「清浄の心」も「真実の心」も持つことはなかったと述べられています。

ここでの「無始」という表現は、これはキリスト教ですと、そもそもの始まりがあるわけです。一番最初に神が「光あれ」といって光というものを創造して、それからいわゆる「天地創造」ということが行われ、最後に人間が作り上げられ……と、これがそもそもの始まりです。そして終わりがあります。終わりとはいわゆる最後の審判です。キリスト教において、人間の一生とは神から与えられた試練です。もっとわかりやすくいうと試験です。お前に一回の命を与えるから、お前はその命をどのように生きるのか。そういうテストをされているんだとキリスト教では受け止めていきます。テストである以上、最後に一斉に採点が行われます。死んだ人たちがみな生き返って、そして一人ひとり神の前に引き出されて審判を受ける、これがいわゆる「最後の審判」です。始まりがあり終わりがあると考える、これがキリスト教の考え方ですが、仏教は始まりもなければ終わりもありません。過去とは無限の過去に遡ることができ、未来も無限の未来です。「尽未来際《じんみらいさい》」（未来際を尽して）という言葉も経典の中に出てきます。無限の過去から無限の未来にかけての今を私は生きている、こういう捉え方をするのが仏教です。もちろん、今の命という捉え方をすれば、始まりもあれば終わりもあるんですが、しかし流転輪廻《るてんりんね》という考え方に基づけば、無限の過去から私たちは輪廻してきたわけです。このままの状態ですと無限の未来に輪廻していくことになります。親鸞も輪廻という概念は受け容れているわけで、たとえば『教行信証』の「総序《そうじょ》」にこうあります。

ああ、弘誓《ぐぜい》の強縁《ごうえん》、多生《たしょう》にも値《もうあ》ひがたく

（『註釈版』一三二頁、『聖典』一四九頁）

「多生」とはすなわち多くの命ですが、それでもあうことができない、あうことが不可能な、そういう本願に今あっている、という意味です。

もしまたこのたび疑網《ぎもう》に覆蔽《ふへい》せられば、かへつてまた曠劫《こうごう》を経歴《きょうりゃく》せん。

（『註釈版』一三二頁、『聖典』一四九～一五〇頁）

これは、もし今回、せっかく本願の教えを聞きながら、それを疑いで拒否するならば、また長い間迷いの命を繰り返さなくてはならない、という意味です。ここには基本的に無限の過去から無限の未来にかけて生まれ死に生まれ死にということを繰り返している存在という見方が示されています。現代的な表現ですと、無限の過去からという表現をするのですが、親鸞は「無始よりこのかた」という言い方をしています。ここが始まりというのがなく、いつもそれより前はあると。数学的にいう無限という概念がそもそもそうです。ここで終わりだということがないわけです。どこまでいっても遡る。逆に未来に関しても、どこまでいってもここで終わりという切れ目がない。だから現代の表現からすると無限の過去からということを、親鸞は「無始よりこのかた」という言葉で表現していきます。先ほどの言葉には、

一切《いっさい》の群生海《ぐんじょうかい》、無始《むし》よりこのかた乃至今日今時《ないしこんにちこんじ》に至《いた》るまで、穢悪汚染《えあくわぜん》にして清浄《しょうじょう》の心《しん》なし、虚仮諂《こけてん》

偽《ぎ》にして真実《しんじつ》の心《しん》なし。

（『註釈版』二三一頁、『聖典』二二五頁）

とありました。「無始よりこのかた乃至今日今時に至るまで」、やはり仏教とはこの「今日今時」の方に中心があるわけです。今ということは、まさに過去の集大成としての今である、という考えがあります。たとえば自らの悪ということを考えた場合に、二、三週間前から悪人になったわけではありません。何十年も前から、いやもっと前からという意味で、無限の過去から悪人であったという表現がとられます。無限の過去から悪人であった今の私、ということです。まさに最終的には「今の私」というところが大事になってくるわけです。そこでの私のあり方は「穢悪汚染にして清浄の心なし」、つまりけがれはてた心であって、清らかな心は一切ない。「虚仮諂偽にして真実の心なし」、中味のない空っぽの心であって真実の心はないのです。

◆雑毒の善

あるいは親鸞はこのようにも述べています。

しかるに無始《むし》よりこのかた、一切群生海《いっさいぐんじょうかい》、無明海《むみょうかい》に流転《るてん》し、諸有輪《しょうりん》に沈迷《ちんめい》し、衆苦輪《しゅくりん》に繫縛《けばく》せられて、清浄《しょうじょう》の信楽《しんぎょう》なし、法爾《ほうに》として真実《しんじつ》の信楽《しんぎょう》なし。ここをもつて無上《むじょう》の功徳《くどく》値遇《ちぐう》しがたく、最勝《さいしょう》の浄信獲得《じょうしんぎゃくとく》しがたし。一切凡小《いっさいぼんしょう》、一切時《いっさいじ》のうちに、貪愛《とんない》の心《しん》つねによく善心《ぜんしん》を汚《けが》し、瞋憎《しんぞう》の心《しん》つねによく法財《ほうざい》を焼《や》く。急作急修《きゅうさきゅうしゅ》して頭燃《ずねん》を灸《はら》ふがごとくすれども、すべて雑毒雑修《ぞうどくざっしゅ》の善《ぜん》と名《な》づく。また虚仮諂偽《こけてんぎ》の行《ぎょう》と名《な》づく。真実《しんじつ》の業《ごう》と名《な》づけざるなり。この虚仮雑毒《こけぞうどく》の善《ぜん》をもつて無量光明土《むりょうこうみょうど》に生《しょう》ぜんと欲《ほっ》する、これかならず不可《ふか》なり。

（『註釈版』二三五頁、『聖典』二二七～二二八頁）

「急作急修して頭燃を灸ふがごとくすれども」の頭燃をはらうというのは、頭の毛が燃えているのを一生懸命に消そうとすることです。必死になってすることをこのように喩えていると考えてください。髪の毛に火が付いていてそれを消そうとする、それほど必死にしたとしても雑毒の善だと親鸞は述べるわけです。たとえば、人のためにするということでも、我々においては純粋に人のためということはあり得ません。何かの見返りをどこかで期待しています。その見返りとは物が欲しいということを期待する人もいるでしょうし、あれだけしてあげたのだからお礼ぐらいもってきたらどうだという人もいるでしょうし、せめて感謝してほしい、あれだけしたのに全然ありがとうともいわない、けしからん奴だ、こういうふうに思ったりもします。場合によっては、自分はよいことをしたんだという自己満足を見返りとして求める人もいます。誉めてもほしくない、物も欲しくないし、感謝の思いもいらないんだけれども、私はいいことをしたんだ、これで満足なんだ、と自己満足を求めること自体も、何らかのとらわれに基づいた行為と考えられます。そういう意味からしますと、人間には純粋な行為というのは基本的にはあり得ないんだ、必ず雑毒の善、毒が雑じっているんだ、やはり人のためといいながら最終的には自分のためにしているんだ、ということですね。これを「雑毒の善」という言葉で表現されていると考えられます。

『正像末和讃』の説示

◆真実の心はありがたし

あるいは『正像末和讃《しょうぞうまつわさん》』には次のように述べられています。

浄土真宗《じょうどしんしゅう》に帰《き》すれども　真実《しんじつ》の心《しん》はありがたし
虚仮不実《こけふじつ》のわが身《み》にて　清浄《しょうじょう》の心《しん》もさらになし
（『註釈版』六一七頁、『聖典』五〇八頁）

「ありがたし」は「有ることが難しい」という表現ですけれども、難しいという表現には、二通りあります。難しいけれど頑張ればできるという言い方と、それは無理だろうという言い方です。たとえば、どこそこの大学を受けたいと思って進路担当の先生に相談に行ったとします。先生が「ああ何々大学か、難しいな」といわれて、その後に「よっぽど勉強しないと駄目だよ」という言葉が続けば、これは勉強すれば通るかもしれないという意味ですね。しかし「ああ何々大学か。難しいな、他の大学にすれば」といったら、これは無理だという意味ですね。同じ「難しい」という言葉でも、どういう意味でその言葉が使われているのかで違ってきます。

親鸞においては「難」という言葉を使っている場合はほとんど「駄目だ、できない」という意味で使われています。わかりやすいところでいいますと、「不可思議《ふかしぎ》」という言葉があります。そして「難思議《なんじぎ》」という言葉もあります。両者は意味が一緒です。つまり、親鸞の「難」は「不可」ということです。不可とは「できない」です。してはならないという意味でも使われますが、この場合の不可は「できない、不可能だ」という意味になります。ですから、「虚仮不実のわが身にて　清浄の心もさらになし」と、真実の心が存在するのは不可能であり真実の心も清らかな心もないのだと親鸞は表現しているわけです。

◆蛇蝎のごとくなり

あるいはこんな言い方もされています。

外儀《げぎ》のすがたはひとごとに　賢善精進《けんぜんしょうじん》現《げん》ぜしむ
貪瞋《とんじん》・邪偽《じゃぎ》おほきゆゑ　奸詐《かんさ》ももはし身《み》にみてり
（『註釈版』六一七頁、『聖典』五〇八頁）

「外儀」、外から見たあり方は、賢い人だとか善人だとか努力する人だとか、そういうすがたを現しているけれども、実は中身は「貪瞋・邪偽」ばかりであるということです。また、

悪性《あくしょう》さらにやめがたし　こころは蛇蝎《じゃかつ》のごとくなり
修善《しゅぜん》も雑毒《ぞうどく》なるゆゑに　虚仮《こけ》の行《ぎょう》とぞなづけたる
（『註釈版』六一七頁、『聖典』五〇八頁）

と、心を蛇や蠍《さそり》に喩えています。この場合の蛇は毒蛇です、蛇というのは大体あまりいい喩えには使われません。蛇にとっては迷惑だと思います。別に悪いことをしようと思っているわけじゃないし、毒をもっていない蛇もたくさんいるわけです。しかし、よくない存在だという喩えに使われる場合が多いです。蠍もやっぱり刺して人を殺すという存在です。人に利益を与える存在ではなく、人に害を与える存在として出てきます。そういう蛇や蠍と合わせて、我々の心がそうなのだといっているのです。実は心の底には人に害を与えようという心しかないんだ。そして、善を行ってもそれは毒が雑じっているから、本当の行とは名付けられないのだということです。

◆無慚無愧のこの身にて

また、こうもあります。

無慚無愧《むざんむぎ》のこの身《み》にて　まことのこころはなけれども
弥陀《みだ》の回向《えこう》の御名《みな》なれば　功徳《くどく》は十方《じっぽう》にみちたまふ
（『註釈版』六一七頁、『聖典』五〇九頁）

慚愧には、いろいろな意味があります。外に恥じるのと内に恥じるのと、あるいは天に恥じるのと人に恥じるのと、いろいろな説明が『大般涅槃経《だいはつねはんぎょう》』にはされています。この場合の「無慚無愧」というのは、恥じる心すらない身であるということで、真実の心はないけれども、阿弥陀仏のはたらきかけによる言葉が南無阿弥陀仏ですから、その南無阿弥陀仏を称えるところに功徳は十方に満ちあふれているといいます。

また、

小慈小悲《しょうじしょうひ》もなき身《み》にて　有情利益《うじょうりやく》はおもふまじ
如来《にょらい》の願船《がんせん》いまさずは　苦海《くかい》をいかでかわたるべき
（『註釈版』六一七頁、『聖典』五〇九頁）

ともあります。慈悲《じひ》には、大慈大悲・中慈中悲・小慈小悲とがあるといわれます。いろいろな説明がされますが、たとえば、小慈小悲とは衆生縁《しゅじょうえん》の慈悲という言い方がされます。これも解釈がいろいろありますが、一番わかりやすいところで一例を挙げていうならば、自分の肉親に対する愛情、これが小慈小悲だといえます。つまり小慈小悲とは、愛情の対象が非常に限定されます。そういう意味からすると、この「小慈小悲もなき身にて」という嘆きは、晩年に親鸞が長男の善鸞《ぜんらん》を義絶《ぎぜつ》したことと実はかかわっているのではないかともいわれます。親鸞にとって、ある意味で一番身近な長男に本当の教えを伝えることができなかった。まさにこれは小慈小悲もないとしかいいようがない、という見方も一つあります。中慈中悲とは、小慈小悲よりももう一段上で、対象が広がります。たとえば人類愛、これが中慈中悲だといわれます。大慈大悲とは、これは無縁《むえん》の慈悲です。対象をそもそも限定しません。まったく相手を区別しないといわれます。

『往生論註《おうじょうろんちゅう》』には、仏の無縁の慈悲を喩えてこのような譬喩《ひゆ》が使われています。大地がものを載せるのに、重いとか軽いとかいう区別はしないと。これは重いから載せない、これは軽いから載せてやろう、そんな区別を大地はしません。あるいは水が植物を潤す時に、これは薬になる草だから一生懸命に潤そうとか、これは毒になる草だから枯らしてしまおうとか、水はそんな区別は一切しません。あるいは火がものを焼くのに、これはいい匂いがするから一生懸命に焼こうとか、これは悪い臭いがするからあんまり焼かないでおこうとか、そんな区別は一切しません。仏が人々を救うというのはそういう区別を一切しない、このように無縁の慈悲の説明がされています。この和讃では、小慈小悲もない身であって、いわば自分の子どもにさえ真実の教えを伝えることができないのに、それが「有情利益」、そんな大それたことを考えることができるはずがないといわれるのです。「如来の願船」、阿弥陀如来の願いの船というものがもしなかったら迷いの海、苦しみの海をどのようにして渡ることができようか、という和讃です。そして、

蛇蝎奸詐《じゃかつかんさ》のこころにて　自力修善《じりきしゅぜん》はかなふまじ
如来《にょらい》の回向《えこう》をたのまでは　無慚無愧《むざんむぎ》にてはてぞせん
（『註釈版』六一八頁、『聖典』五〇九頁）

とあります。これが実は二つ前に取り上げました和讃の「無慚無愧のこの身にて」という語との対応にお

いて、一つの問題を生じてきます。ここでは蛇や蠍のような嘘いつわりばかりの心であって、自分の力で善を修することはできない。だから如来の回向にまかせることがなかったら無慚無愧で終わってしまうだろうということです。つまり如来の回向をたのむのであれば、無慚無愧ではなくなるという意味になります。

二つ前の和讃で「無慚無愧のこの身にて」といわれていたことと比較すると、実際は無慚無愧なのかそうではないのかということです。恥じる心が一切ないというのか、それともやはり恥じる心はあるのか、ということです。なかなか難しい問題ですが、「無慚無愧」という慚愧だという説明の仕方がされます。「恥じる心も持たないような私だ」というかたちで恥じているということです。時々、親鸞にはこのように矛盾するような表現があります。その矛盾というものをどのように統一していくかということも、ある意味真宗学の一つのテーマだと考えることができます。

親鸞の訓み替え

それから、「親鸞の訓《よ》み替《か》え」によって親鸞の人間観が表現されているところがあります。漢文の通常の訓み方と親鸞の訓み方が違うわけです。漢文は実はさまざまな訓み方ができます。これが絶対的に正しいという訓み方があるわけではないということは、漢文の専門の先生もいわれています。気を付けてほしいことですが、普通の訓み方と親鸞の訓み方とでは、普通の訓み方が正しくて、親鸞の訓み方はこれは変わっていて正しい訓み方とはいえないという人がいますけれども、必ずしもそうではありません。親鸞の訓み方も決して間違った訓み方ではありません。それも一つの訓み方としては当然あり得るわけです。親鸞には、確かに普通の訓み方ではない独自の訓み方をした箇所がありますが、それはその訓み方をすることによって、そこに親鸞の人間観が表現されているのです。これは真宗学における一つの常識です。具体的に見ていきますが、たとえば善導《ぜんどう》の次のような言葉があります。

欲明一切衆生身口意業所修解行、必須真実心中作。

（『聖典全書』一・七六一頁）

善導は中国の方ですから、文章は当然漢文ですね。これは普通に訓読しますと、

一切衆生《さいしゅじょう》の身口意業所修《しんくいごうしょしゅ》の解行《げぎょう》、かならずすべからく真実心《しんじつしん》のうちになすべきことを明《あ》かさんと欲《ほっ》す。

（『註釈版七祖篇』四五五頁）

となり、意味は一切衆生が身口意でおこなう所の修行は、かならず真実心によってしなくてはならない、そうするべきだ、ということを明かそうと思う、ということになります。これが親鸞の訓読ですと、

一切衆生《いっさいしゅじょう》の身口意業《しんくいごう》の所修《しょしゅ》の解行《げぎょう》、かならず真実心《しんじつしん》のうちになしたまへるを須《もち》ゐんことを明《あ》かさんと欲《おも》ふ。

（『註釈版』二一六～二一七頁、『聖典』二一五頁）

と、一切衆生の修行は真実心のうちになさったことを用いる、ということを明かすということになります。つまり、この訓み方のどこがどう違っているかというと、普通の訓み方だと「我々が真実心をもって行わなくてはならない」という意味になります。ところが親鸞の訓読によると、「阿弥陀仏が真実心によって行ったその結果を我々が用いるんだ」という意味になります。そしてそれに続く善導大師の言葉の、

不得外現賢善精進之相内懐虚仮。

（『聖典全書』一・七六一頁）

は通常の訓読では、

外《ほか》に賢善《けんぜん》精進《しょうじん》の相《そう》を現《げん》じ、内《うち》に虚仮《こけ》を懐《いだ》くことを得《え》ざれ。

（『註釈版七祖篇』四五五頁）

と訓みます。外面は立派なようにして内側が空っぽでは駄目だよ、ということです。言葉の内容からすると、外を立派に見せたいのであれば、内も立派にしないといけない、という意味になります。ところが親鸞の訓み方ですと、

外《ほか》に賢善《けんぜん》精進《しょうじん》の相《そう》を現《げん》ずることを得《え》ざれ、内《うち》に虚仮《こけ》を懐《いだ》けばなり

（『註釈版』二一七頁、『聖典』二一五頁）

となっています。親鸞には他に「外《ほか》に賢善《けんぜん》精進《しょうじん》の相《そう》を現《げん》ずることを得《え》ざれ、内《うち》に虚仮《こけ》を懐《いだ》いて（『註釈版』五一七頁、『聖典』四三六頁）と訓んでいるところもありますが、意味は同じです。「外に立派な姿を見せては駄目だ、内は空っぽなんだから」ということです。通常の訓み方でいうところの「外にだけ立派な姿を見せても内が空っぽであっては駄目ですよ」というと、これは内側を充実させなさいという意味です。親鸞の訓み方ですと、基本的には外に善人のようないい格好を見せるな、どうせ内は空っぽなんだから、という意味になってきます。もう一つの文も見てみましょう。文章はこうです。

凡所施為趣求、亦皆真実。

（『聖典全書』一・七六一頁）

これは、通常は、

おほよそ施為《せい》・趣求《しゅぐ》したまふところ、またみな真実《しんじつ》なるによりてなり。

（『註釈版七祖篇』四五六頁）

と訓むと思われます。「施為」というのは他に施すこと、「趣求」は悟りを求めることです。これは文脈的には阿弥陀仏が法蔵菩薩《ほうぞうぼさつ》の時に行った修行とは、他に自らの功徳を与えることも、悟りを目指す心も、ど

ちらも真実心で行われたという意味です。ところが、親鸞はこう訓んでいます。

おほよそ施《ほどこ》したまふところ趣求《しゅぐ》をなす、またみな真実《しんじつ》なり。（『註釈版』二一七頁、『聖典』二一五頁）

こう訓むなら、阿弥陀仏が施してくださるところを我々は求めるんだ、だから真実なんだという言い方になります。この内容は結局のところ、我々には真実はない、真実は阿弥陀仏にしかない、という基本的な考え方が根底にあるわけです。

『一念多念文意』の説示

それから『一念多念文意《いちねんたねんもんい》』です。これも非常に有名な文章です。大体、親鸞の人間観を語る時に、これが出てきたりします。

「凡夫《ぼんぶ》」といふは、無明煩悩《むみょうぼんのう》われらが身《み》にみちみちて、欲《よく》もおほく、いかり、はらだち、そねみ、ねたむこころおほくひまなくして、臨終《りんじゅう》の一念《いちねん》にいたるまで、とどまらず、きえず、たえずと、水火《すいか》二河《にが》のたとへにあらはれたり。（『註釈版』六九三頁、『聖典』五四五頁）

最後の「水火二河のたとへにあらはれたり」は、これは善導の二河白道《にがびゃくどう》の喩えです。西の方へ向かっている旅人の目の前に大きな河が現れます。後ろからは賊が追ってきて、右と左からは毒蛇・毒虫・蠍、あるいは猛獣が迫ってきます。旅人はその目の前の河の真ん中にある細い細い白い道を行くしか逃げ道がない。しかしながら右の方（北側）には水の河、左の方（南側）には火の河があります。その水の河の勢いはすさまじく、時に波がその白道にバサーとかぶってくるし、火の河の勢いもまた強く、時には炎が逆巻き、白道の上に流れてくる。水に溺れるか火に焼かれるかどちらかだ、こういう状況です。この譬喩では、水の河が貪欲をあらわし、火の河が瞋恚をあらわしています。水の河というのは我々のあれが欲しいこれが欲しいという欲望をあらわし、火の河は怒り、はらだち、そういう心をあらわしている。ですから、それが「欲もおほく、いかり、はらだち、そねみ、ねたむこころおほくひまなくして、臨終の一念にいたるまで、とどまらず、きえず、たえず」、命終わるまでそれがずっとなくなることはない、命終わるまでまさに煩悩まみれの存在でしかないということが示されています。

五、輪廻する存在として

あらゆるいのちは親子・兄弟

ここからは、輪廻する存在としての人間観について話を移します。仏教でいのちというものを見ていく場合、我々が人として生まれたのは、ある意味でたまたまのことであると見ます。今はたまたま人としての命を受けているけれども、これまでにいろいろな命を受け続けてきた。つまり、生まれ死に、生まれ死に、生まれ死にしてきたんだというのが仏教全体の見方です。親鸞もそういう見方を決して否定しているわけではありません。というよりも、基本的にはそういう見方の中で自らを捉えています。『歎異抄《たんにしょう》』の第五条には、このようにあります。

親鸞《しんらん》は父母《ぶも》の孝養《きょうよう》のためとて、一返《いっぺん》にても念仏申《ねんぶつもう》したること、いまだ候《そうら》はず。

（『註釈版』八三四頁、『聖典』六二八頁）

親孝行のために念仏したことは一回もないという意味です。実はここで大事なのは、

わがちからにてはげむ善《ぜん》にても候《そうら》はばこそ、念仏《ねんぶつ》を回向《えこう》して父母《ぶも》をもたすけ候《そうら》はめ。

（『註釈版』八三五頁、『聖典』六二八頁）

という、私が行う善だったらそれを回向して父母を助けることもできるだろうけれど、念仏は私の善ではなくて、あくまでも阿弥陀仏の善なんだということ、ここが一番大事です。しかし、もう一つそこに示されているのは、

一切《いっさい》の有情《うじょう》はみなもつて世々《せせ》生々《しょうじょう》の父母《ぶも》・兄弟《きょうだい》なり。

（『註釈版』八三四頁、『聖典』六二八頁）

という、一切の命あるもの、一切の心あるものは、生まれ変わり死に変わりしている間にお互いに親子になったり、兄弟になったりしている、だから今生の親だけ大事にするのは筋が通らない、ということです。とりあえず、今はその生命観だけを見ておきましょう。

無限の過去からの流転

それから親鸞は、『教行信証』の「総序」で「ああ、弘誓《ぐぜい》の強縁《ごうえん》、多生《たしょう》にも値《もうあ》ひがたく」（『註釈版』一三二頁、『聖典』一四九頁）、多くの命の中でも遇いがたい法に出遇ったと述べ、さらに「もしまたこのたび疑網《ぎもう》に覆蔽《ふへい》せられば、かへつてまた曠劫《こうごう》を経歴《きょうりゃく》せん」（『註釈版』一三二頁、『聖典』一四九～一五〇頁）と述べております。あるいはこういう和讃もあります。

西路《さいろ》を指授《しじゅ》せしかども　自障《じしょう》障他《しょうた》せしほどに
曠劫《こうごう》以来《いらい》もいたづらに　むなしくこそはすぎにけれ
（『註釈版』五九三頁、『聖典』四九七頁）

「西路」というのは往生浄土の道です。阿弥陀仏の浄土に生まれていく道を授けられたけれども、自らを妨げ、あるいは他を妨げてきた。だから無限の過去からずっと今現在に至るまで、ずっとむなしく過ぎてしまい、今現在も迷いの真っ只中にあるというのです。あるいは、

曠劫多生《こうごうたしょう》のあひだにも　出離《しゅつり》の強縁《ごうえん》しらざりき
本師源空《ほんしげんくう》いまさずは　このたびむなしくすぎなまし
（『註釈版』五九六頁、『聖典』四九八頁）

という和讃もあります。無限の過去から多くの命を受けている間も、結局むなしく過ごしてきた。もし法然《ほう ねん》がいなかったら、この度もむなしくなったであろうということです。これは、つまりこの度こそは、法然に出遇えたので、むなしい一生ではなかったという内容になります。あるいは、

三恒河沙《さんごうがしゃ》の諸仏《しょぶつ》の　出世《しゅっせ》のみもとにありしとき
大菩提心《だいぼだいしん》おこせども　自力《じりき》かなはで流転《るてん》せり
（『註釈版』六〇三頁、『聖典』五〇二頁）

という和讃もあります。ガンジス河にある砂の数の、三倍ほどもの如来さま方に実はこれまでに出遇ってきている。しかもその仏におつかえをして、そこで大菩提心というものを発《おこ》してきたけれども、自分の力ではどうにもならず、いまだに流転を続けている、という意味の和讃です。ここに示されているのは、命は決して一回限りではなく、生まれ死に、生まれ死にという無限の過去からの繰り返しであり、無限の未来にかけても同じことの繰り返しなのであって、今その中を生きているんだということです。しかしなが

ら、今、そうした中にありながら出遇うべきものに出遇えたという喜びがそこにある、という見方にも当然なってきます。

六、まとめと補足

最後にまとめてみますと、人間が「機」や「衆生」という言葉で表現される時、まさに仏道を歩むべき存在として位置付けられています。仏教では、人間は仏に成るべき存在として位置付けられているのです。「人間というのは未完成の仏だ」という言い方もあります。仏道とは「迷いから悟りへの道」ということです。

親鸞の人間観とは、基本的に私は自らの力では迷いというあり方を脱け出すことのできない存在であるということです。迷いというあり方を脱け出すのに役立つものは何一つとして持っていない存在。そういう存在であるというところから、阿弥陀仏の救いが考えられてくるということです。輪廻の存在としての人間とは、仏道を歩むべき立場からいいますと、無限の過去から輪廻を繰り返してきた存在である、これが親鸞の人間観だということになります。

輪廻とは我々のあり方を意味し、解脱《げだつ》とはそういう輪廻からの解放、脱出だと見ていくことができます。輪廻の存在の人間とは、別の言い方をしますと、生きとし生けるものの命には軽い重いの違いはないという見方にもつながっていきます。そこがキリスト教の見方とは大きく違うということができますね。すべての命は平等だという見方は、私は今たまたま人間だけれども、あくまでもたまたまであって、かつては虫であったかもしれない。これから虫になるのかもしれない、ということです。そこではいのちの重さについて、軽いや重いの違いはないということになります。

キリスト教では、以前は、人間以外のすべての生き物は人間が食べるために、人間が生きるために存在していると考えられていました。今はさすがにそこまではいわないけれども、やはり人間に近い命の方が重いという見方をしています。イルカやクジラは頭がいいんだから、やはりその命は大事にしないといけない、と。こういう考え方はうっかりすると、同じ人間の中でも頭のいいのは大事にしないといけないけれども、頭の悪いのは別にどうなってもいいという考え方になっていきかねないですね。かつて、できるだけ知的に優れた人間を残していこうという優生学《ゆうせいがく》というものがありましたが、こういう考え方は仏教の見方とは大きく違うということになります。

「親鸞の人間観」についての補足

さて、親鸞の人間観について補足をします。

前に触れましたが、キリスト教等の一神教《いっしんきょう》では、命は一回限りと捉えていきます。そして、その命は、神によって与えられた命です。神は、命を与えることによって「お前はこの一生をどう生きるのか」というテストをしています。そのテストの採点がいわゆる「最後の審判」という形で行われます。

一方の仏教においては、命は一回限りではなく、今の命が終わると、また次の命を受けます。そういう形で、無限の過去から、無限の未来にかけて、生まれ死に、生まれ死に、ということを繰り返してきた今の命を生きています。そして、次の命をどう受けるのかということは、結局今の生の間に、どのような行いを積み重ねてきたかによって決まります。つまり「今の命を終えて、次どうなるのかというのは、今の生き方によって決まる」という点だけを捉えますと、キリスト教と仏教の捉え方は、同じであると考えられますね。ただ、キリスト教では、今の命が終わってからどうなるのかを決めるのは、まさに神であります。仏教においては、私が行ってきた行い、これを業といいますが、その業自体のはたらきとして、次にどういう命を生きるのかが決まってきます。こういう考え方の違いがあると考えられます。

親鸞の上においても、そういう形で、生まれ死に、生まれ死にという輪廻の繰り返しの中に今の命があるとしています。一番わかりやすいのが『歎異抄』です。

そのゆゑは、一切《いっさい》の有情《うじょう》はみなもつて世々生々《せせしょうじょう》の父母《ぶも》・兄弟《きょうだい》なり。

（『註釈版』八三四頁、『聖典』六二八頁）

と、いわれています。「有情」は直接訳すと「心あるもの」ということです。「命あるものすべて」「生きとし生けるものすべて」は、生まれ変わり、死に変わりしてくる中で、お互いに親子となったり、兄弟となったりしています。こういう考え方は、まさに輪廻という考え方に基づかないと出てきません。

ただし、この『歎異抄』というのは弟子が書いたものであり、親鸞自身が書いたものではありませんから、『歎異抄』だけを根拠にしてものをいうと、若干問題があります。真宗学において、一番重要なのは親鸞の著作であり、親鸞自身の真筆が残っているものです。二番目は、親鸞の著作だけれども、親鸞の自筆が残っていないものです。三番目は、親鸞の直弟子《じきでし》の書いたものであり、その直弟子の自筆本が残っているものです。四番目は、親鸞の直弟子が書いたものであるけれども、その直弟子の自筆本が残っていないものと位置付けることができます。こういう形で考えた時に『歎異抄』というのは、四番目に位置することになります。ですから、『歎異抄』だけを根拠にして『歎異抄』にこういわれているから真宗の教義はこうだと、そう簡単に片付けられないところは当然あるわけです。弟子の書いたものですから、親鸞の言葉だといわれていても、人間には聞き違いもあるし、あるいはそれを弟子が理解する時の理解の間違いもあります。そうとすると、百パーセント信じていいのか、という問題は当然残されます。おおむね、『歎異抄』の特に「師訓篇《しくんへん》」といわれるところに述べられているのは、親鸞自身の考え方が示されているであろうという前提で読んでいきます。しかし、『歎異抄』だけに基づくのではなく、親鸞自身の著作から確認して、これはこういうふうにいえる、だからこれは親鸞の考え方だと見る、というのが、きちんとした見方だということができます。これまでみてきた人間観も、『歎異抄』以外の、たとえば『教行信証』「総序」あるいは、『高僧和讃《こうそうわさん》』等にも輪廻の存在としての人間観が示されていることを根拠として説明してきました。

その人間観をまとめてみますと、まず人間というものを特に機と位置付けた時には、それは仏道を歩むべき存在、教えをうける存在として位置付けています。その教えとは、迷いから悟りへの仏道を示すという教えですが、そういう教えを受けるべき存在として人間を見るということは、仏道を歩むべき存在、悟りへ向かって歩むべき存在として人間を見るということです。ですから仏教では、人間は「仏に成るべき存在」として位置付けられます。そういうわけで「人間は未完成な仏だ」という言い方もされるわけです。もっといいますと、人間と仏との違いは、目覚めているか、目覚めていないかの違いです。目覚めると仏に成るわけですが、目覚めていないのが私たちである、ということになります。こういう関係で捉えることができます。

もちろん、仏という存在を説明する時には、たとえば善導は「自《じ》覚《かく》覚《かく》他《た》覚《かく》行《ぎょう》窮《ぐう》満《まん》」（『聖典全書』一・九五八頁）といいまして、ただ自らが目覚めているというだけではなくて、他を目覚めさせていく存在であると説明しています。しかし、他を目覚めさせるためには、まず自分が目覚めないとどうにもなりません。ぐっすり寝ている者が、他人を起こすことができるはずはありませんから。他人を起こすためには、まず自分が起きないといけません。そういうわけで、目覚めているか、目覚めていないか、まずこれが非常に大きな違いと見ていくことができます。

仏道というのは、迷いから悟りへの道であるわけですから、人間は迷いから悟りへの道を歩むべき存在であるというのが、まず仏教の人間観です。そういう中で親鸞の人間観というのは、自らの力では迷いというあり方を抜け出すことができない存在、迷いというあり方から抜け出すのに役立つものは何一つもっていない、そういう存在だと見ています。そしてまずは「人間とは仏道を歩むべき存在」なんだというところを踏まえないと、こうした見方がなんのことか意味がわからなくなってしまうわけです。

「輪廻する存在として」についての補足

また「輪廻の存在としての人間観」についても、少し補足しておきたい点があります。輪廻とは、基本的に迷いのあり方を意味します。そういう輪廻からの解放、あるいは輪廻から抜け出していくこと、これを解脱という言葉で表現します。しかしながら「解脱」という言葉は必ずしも仏教の専売特許ではない。インドの宗教は、すべてこの解脱というものを目指しているとも考えられます。

たとえば、バラモン教などは、まず「我」の存在ということを前提とします。人間の中には決して変わることのなく、ただ一つ、私の主であり、私を司る「我」（アートマン）というものが存在しているといいます。これを「常一主宰《じょういつしゅさい》」という言葉で表現しますが、変化することのない何か（我＝アートマン）が私の中に存在しているとしています。それを前提にして、どうすれば解脱できるかということを考えていくわけですが、釈尊は、その我の存在を否定したわけです。何によって解脱が可能になるというのかというと、正しい智慧《ちえ》を身に付けること、つまり正しく物事を見ることができることによって、輪廻というあり方から抜け出すことができるのだと、釈尊はこう教えたのだと考えることができます。正しく物事を見る目を身に付けることが、まさに悟りですから、輪廻からの解放とは、悟り、すなわち迷いからの解放ということを意味しています。

そして、親鸞の無限の過去から輪廻を繰り返してきた存在だという人間観は、無限の過去から迷いというあり方をしていたのだ、ということを意味しています。人間とはそういうものだと位置付けて初めて、阿弥陀仏がどういう存在なのかということが意味を持ってきます。こう位置付けなかったら、阿弥陀仏という存在がどういう存在なのか、何の意味もなくなってしまいます。人間とは、本来迷いというあり方を抜け出して、悟りというあり方に至るべき存在なんだ、仏道を歩むべき存在なんだ。さらにいえば、人間に限らず、生きとし生けるものすべては、迷いを抜け出して、悟りに至るべき、至らなくてはならない存在なんだという位置付けですね。その中で、私たちは迷いというあり方から抜け出すのに、役立つものは何一つもっていない存在であると踏まえて初めて、阿弥陀仏が意味を持ってくるといえます。それは、親鸞が、何を求めて何を得たのかということです。

親鸞が求めたもの

親鸞が何を求めていたのかというと、まさに「生死出《しょうじい》づべき道《みち》」です。生死とは、生まれ死に、生まれ死に、というあり方を繰り返している、つまり輪廻を意味しています。ですから、「生死」とは、まさに「迷い」を意味しています。そこをいかに抜け出すのか、それが親鸞がひたすら求めたものですね。そういう中で、真宗教義を考えていかなければなりません。どうすれば、健康で文化的な生活ができるのだろうかという問いかけで真宗教義を学んだとしても、おそらく正しい答えは返ってこないでしょう。健康であろうが病気であろうが、いずれにしても、それを真正面から受け止める生き方ができるにはどうすればいいのか、こういう問いかけでしたら、真宗教義はそれなりに答えを与えてくれるわけです。そういうわけで、阿弥陀仏はどういう存在として位置付けられ、人間はどう位置付けられるのかということについて、まず真宗教義の具体的な内容に入る前に話をしたということであります。

あとがきに代えて

内藤知康先生は、お聖教に真摯に向き合い、私たち門下生に浄土真宗を学ぶ大切さと楽しさを教えてくださった方です。

浄土真宗を学ぶとはどういうことかについて、先生がいわれていたのは、「親鸞聖人の教えを学ぶことであり、私の往生浄土の道として学ぶことでもあり、それは阿弥陀如来の救いに他ならない」ということでした。また、「私の往生浄土の問題であるからといって、親鸞聖人の言葉を自分勝手に受け止めていないだろうか」、あるいは「阿弥陀如来の救いを彼方に眺めていないだろうか、自分に関係のない客観的なものとして読んでいないか、ということを意識して心がけている」ともいわれていました。

本書の制作にあたり私は、録音された音源で、先生の大学での講義を学生に戻ったような気持ちで聴講しました。

先生の学びの姿勢は講義スタイルにも一貫していて、経典や親鸞聖人の言葉を一つ一つ懇切丁寧に語られていました。清々しいほどに整然とした語りの中でも、重要なお聖教の言葉では必ずゆっくりと解説され、講義回が離れていても関連する内容があれば、重複を嫌うことなく話をされていました。先生の声の中にある、「親鸞聖人の言葉を正確に理解してほしい、阿弥陀仏の救いに触れてほしい」という強い思いをひしひしと感じながら、忠実に文字起こしをしていきました。しかし、書籍化にあたっては、話し言葉と書き言葉とでは、読みやすさが違い、分量の問題もあるため、繰り返しの部分などは泣く泣く整理したところがあります。もちろん、何を意図して話をされているのか、どこを強調されているのかなど、内容のクオリティーには影響しないよう細心の注意を払ったつもりです。

本書のテーマである「阿弥陀仏と浄土」の中でも、親鸞聖人の往生思想に関しては、研究者であった先生がもっとも力を入れておられた点でもありますし、また、浄土真宗を学ぶ者にとって外すことができない必須のテーマですので、他の著作も併せて是非ともお読みいただきたいと思います。

本書をとおして、読者のみなさんが、浄土真宗を学ぶ楽しさを感じ取っていただけたなら、何よりも先生が喜んでくださるに違いありません。それはまた、門下生である私たちにとって望外の幸せです。

二〇二三（令和五）年四月二十一日

内藤ゼミ二期生・浄土真宗本願寺派総合研究所上級研究員　塚本一真

内藤知康（ないとう　ともやす）

1945年、大阪府に生まれる。龍谷大学大学院文学研究科修了、宗学院卒業。2022年、往生。
龍谷大学名誉教授、元本願寺派勧学寮員、福井県覺成寺元住職（福井教区若狭組）。文学博士。
主な著書に、『親鸞の往生思想』、『聖典読解シリーズ5　正信偈』、『聖典読解シリーズ7　歎異抄』、『増補版　やわらかな眼』、『親鸞聖人のことば』（共著）、『御文章を聞く』、『安心論題を学ぶ』、『顕浄土真実行文類講読』ほか、論文多数。

基礎から学ぶ浄土真宗1
阿弥陀仏と浄土——親鸞が歩んだ道——

二〇二三年六月二〇日　初版第一刷発行

著　者　内藤知康
発行者　西村明高
発行所　株式会社　法藏館
京都市下京区正面通烏丸東入
郵便番号　六〇〇-八一五三
電話　〇七五-三四三-〇〇三〇（編集）
〇七五-三四三-五六五六（営業）

装幀者　濱崎実幸
印刷・製本　中村印刷株式会社

ISBN978-4-8318-7931-8 C0015